LES MÈRES RIVALES

DRAME EN CINQ ACTES ET SIX TABLEAUX

Représenté pour la première fois, à Paris, sur le THÉATRE DE BELLEVILLE, le 28 septembre 1889.

OUVRAGES DU MÊME AUTEUR

ROMANS ET NOUVELLES

Le Vin, le jeu, les Femmes (esquisses), 1 vol.
Les Récits du Père Lalouette (nouvelles), 1 vol.
Gant-de-Fer (roman), 1 vol.
Un Martyre (roman), 1 vol.
Les Vices de M. Benoit (roman), 1 vol.
La Petite Dufresnoy (roman), 1 vol.
La Fiancée du condamné (roman). 1 vol.
Le baron Chocquart (roman), 1 vol.
Monsieur Octave (roman), 1 vol.
Le Stigmate rouge (roman), 1 vol.
La Vénus de bronze (roman), 1 vol.
La Journée d'un enfant (conte pour enfants), 1 vol.
Les Mères rivales (roman), 1 vol.

BIOGRAPHIES

La Galerie contemporaine. — Biographies de MM. Léon Bonnat, maréchal Canrobert-Cham, Rochefort, P. de Cassagnac, Ad. Marie, Sergent Hoff, G. Randon, H. Giacomelli, Andrieux, Aug. Cain, Ed. Morin, D. Vierge, Scott, V. Ranvier, Alf. Roll, Eug. Labiche, Ch. Lecocq, Cl. Marioton, Eug. Lambert, Mat. Moreau.
Les grands peintres français et étrangers. — Biographie de Hubert Herkomer.

THÉATRE

Le veuvage de Pierrot, monologue.
Le mineur, scène dramatique.
Partie troublée, vaudeville en un acte.
Le Secret du mari, vaudeville en un acte.
Le Drame des Charmettes, 5 actes et 6 tableaux.
Les Mères rivales, drame, 5 actes et 6 tableaux.

Paraîtront prochainement :

L'affaire Lebel (roman), 1 vol.
Le Testament volé (roman), 1 vol.
Les trois Duchesses (roman), 1 vol.
Le collier de la morte (roman), 1 vol.

LES MÈRES RIVALES

DRAME EN CINQ ACTES ET SIX TABLEAUX

PAR

HENRI DEMESSE

PARIS

TRESSE & STOCK, ÉDITEURS

8, 9, 10, 11, galerie du Théâtre-Français

PALAIS-ROYAL

1889

PERSONNAGES

ROBERT THOMERY	MM.	ALBERT.
LIBERAC		FERNAND.
LE DOCTEUR TRÉVENENC		MARIUS.
HENRIOT		LÉOPOLD.
JAURY		HARDOUIN.
PIERRE		POULIN.
DU MÉNILS		CHARLIER.
NICOLAS TERNAYS		FIRMIN.
JEAN		QUANQUIN.
MORANDET		LECLERC.
1er JEUNE HOMME		BORIE.
2me JEUNE HOMME		LAVAL.
3me JEUNE HOMME		ARMAND.
4me JEUNE HOMME		MOREAU.
JULIETTE TERNAYS	Mmes	ALBERTINE FORGUE.
BLANCHE THOMERY		BOYER.
EDWIGE THOMERY / EUTERPE		TESTE.
Mme JAURY		MELCHISSÉDEC.
LA DAUNOUX		V. CASSOTHY.
MÉLANIE MINOT		MARY NORTON.
CLARA		AUPTO.
ROSE		JEANNE.
THÉRÈSE		ADRIENNE.
LAURIANE		ÉMÉLIE.
LE PETIT HENRIOT		PETITE TOUSSAINT.

Habitués du Cabaret du Coq Dilettante, rapins, étudiants, peintres, sculpteurs, modèles, etc.

Au troisième tableau « J'en d'viens gaga », chansonnette chantée par Clara.

L'action est à Buc au 1er tableau; à Paris, 2, 3, 4, 5, 6e tableaux, de nos jours.

S'adresser pour la musique de scène à M. DAL-MUTTO, chef d'orchestre du théâtre de Belleville. On trouve la musique de la chansonnette « J'en d'viens gaga » chez M. H. ROHDÉ-STAUB, éditeur, 9, rue Caumartin, Paris.

A MM. ÉDOUARD et LOUIS HOLACHER

Directeurs du théâtre de Belleville

« ET A MES INTERPRÈTES »

HENRI DEMESSE

LES MÈRES RIVALES

ACTE PREMIER

PREMIER TABLEAU

Le Crime de Buc.

Le Théâtre représente la grande salle d'une maison rustique pauvre. Porte au fond ouvrant sur la campagne. Fenêtre à gauche de cette porte. A droite, cheminée haute en pierre, chargée d'ustensiles de ménage. Au premier plan, à gauche, un lit dans une alcôve et à demi caché derrière un rideau. A droite, premier plan, porte donnant dans une chambre. Meubles : table ronde, chaises et sièges de paille, escabeaux, horloge-coucou entre la cheminée et la porte du fond ; au deuxième plan, à droite, une armoire à linge, et un guéridon entre la porte du premier plan et l'armoire ; un buffet entre la porte du fond et la fenêtre, un chandelier sur le buffet.

SCÈNE PREMIÈRE

ROBERT, LE DOCTEUR.

Au lever du rideau, Robert est debout, près de la porte du

fond. Il regarde audehors. On entend un bruit de grelots qui diminue progressivement. Le docteur est assis, à gauche, près de la table qui est au milieu du théâtre et encore chargée d'un couvert rustique après le déjeuner qui vient de se terminer. Il allume un cigare.

ROBERT, descendant lorsque le bruit de grelots s'est perdu dans l'éloignement; à droite, de la table.

La voiture a disparu au tournant de la route.

LE DOCTEUR, présentant un étui à cigares à Robert.

Voulez-vous un cigare ?

ROBERT.

Volontiers! (Il prend un cigare qu'il allume.) Combien faut-il de temps pour aller d'ici à Versailles ?

LE DOCTEUR.

En voiture?... A peine dix minutes!

ROBERT.

Dix minutes pour aller, autant pour revenir, un quart d'heure pour faire les achats; la nourrice et ma femme seront de retour ici dans une demi-heure environ...

LE DOCTEUR.

Oui...

ROBERT.

Croiriez-vous, mon cher docteur, que je ne connaissais pas ce beau pays ?

LE DOCTEUR.

Les Parisiens sont tous comme vous, ils vont très loin chercher, pour l'été, des sites pittoresques, sans se douter que les environs de leur ville sont les plus beaux du monde... Oui, Buc, où nous sommes, est vraiment un coin ravissant... La contrée est, de plus, fort bien aérée... Votre petite fille s'y trouvera merveilleusement, je vous en réponds !

Jaury paraît au fond.

SCÈNE II

LES MÊMES, JAURY.

JAURY, son chapeau à la main, au milieu du théâtre, derrière la table.

Pardon, excuse...

ROBERT, se tournant à demi, toujours assis.

Que voulez-vous ?

JAURY.

Est-ce que madame Mélanie Minot ne demeure plus ici ?

ROBERT.

Si fait !... Mais elle est absente en ce moment...

JAURY.

Alors, je reviendrai !... Pardon, excuse !

Fausse sortie.

ROBERT.

Qui êtes-vous ?...

JAURY, vivement.

Victor Jaury... pour vous servir si j'en étais capable... Je suis colporteur ambulant : je vends des lainages, des colonnades, et même des soieries, aux habitants des villages que je traverse avec ma voiture. On peut la voir d'ici, ma voiture... Mon fonds est bien fourni.

ROBERT.

Et vous voulez vendre des marchandises à Mélanie Minot ?

JAURY.

Vous y êtes !... Oui, quand je passe par Buc, deux fois par an, pour tout dire, je ne manque jamais de faire visite à madame Minot, une bonne cliente... Elle m'achète des lainages pour son mari et son petit...

ROBERT.

Mélanie Minot est veuve depuis trois mois, et son enfant est mort il y a quatre jours...

JAURY.

Que le bon Dieu la garde !... Tant de calamités à la fois !... La pauvre femme !... C'est égal, je reviendrai... Bien merci, Monsieur... Pardon, excuse pour le dérangement... pardon, excuse...

Il salue et sort par la porte du fond.

SCÈNE III

ROBERT, LE DOCTEUR.

ROBERT.

Ce gaillard-là a une mauvaise physionomie...

Buvant son café.

LE DOCTEUR.

Mais non!... C'est un brave homme qui passe sa vie au grand air, toujours errant sous le soleil ou sous la pluie, et c'est ce qui lui donne cette apparence sauvage qui vous effraie, vous, un civilisé.

Buvant.

ROBERT.

C'est égal!... Je n'aimerais pas à le rencontrer la nuit au coin d'un bois, comme on dit... Pourquoi diable la police laisse-t-elle encore circuler ces gens-là de pays en pays? Ils peuvent si aisément faire un mauvais coup et se mettre en peu de temps à l'abri de toute poursuite?... (Silence, se levant.) Maintenant, docteur, si nous allions faire une promenade, en attendant le retour de ma femme.

LE DOCTEUR, se levant.

Robert?...

ROBERT, descendant à droite.

Qu'y a-t-il?

LE DOCTEUR, à gauche de Robert.

Pendant que nous sommes seuls un instant... il faut que je vous parle...

ROBERT, surpris.

Qu'avez-vous donc à me dire? Pourquoi tant de gravité?...

LE DOCTEUR.

Vous allez me répondre avec franchise?

ROBERT.

Certes!.

LE DOCTEUR.

J'étais le meilleur ami de votre père, Léon Thomery... Je suis seul au monde, et je vous aime comme mon fils. J'ai donc le droit de vous parler comme je vais le faire...

ROBERT.

Que signifie ?...

LE DOCTEUR.

Il y a deux ans, j'ai quitté la France pour entreprendre aux Indes un grand voyage... Lorsque je revins à Paris, il y a quatre mois, je vous trouvai marié... Votre femme allait bientôt vous rendre père... En effet, huit jours après elle mettait au monde une fille, la petite Edwige... Malgré mes conseils, elle voulut la nourrir... Mais elle avait trop présumé de ses forces... L'enfant dépérit vite... La mère devint si faible que je dus vous avertir du danger qu'elle courait... C'est alors que je cherchai, pour la petite, une nourrice à la campagne. Je connaissais Mélanie Minot... Je l'amenai chez vous... Enfin votre femme se rendit à nos raisons et elle consentit à apporter ici votre fille. Aujourd'hui, nous sommes venus à Buc pour installer l'enfant chez sa nouvelle nourrice...

ROBERT.

Achevez...

LE DOCTEUR.

Lorsque je vis madame Thomery pour la première fois, je m'aperçus qu'elle avait beaucoup souffert... Quand je la connus davantage, je l'interrogeai... vainement... Or, je sais seulement depuis trois jours, la cause des tourments qui l'accablent.

ROBERT.

Ah!

LE DOCTEUR.

Robert, dites-moi franchement si vous êtes bien détaché de celle qui fut votre maîtresse et qui...

ROBERT, l'interrompant brusquement.

Docteur, je vous en conjure, ne ravivez pas ma douleur à ce sujet... J'ai éprouvé une passion irrésistible, j'ai adoré celle de qui vous parlez... et quand j'y songe, à présent encore...

LE DOCTEUR.

Eh! bien?

ROBERT.

Il me semble que je l'aime toujours... et que si je la revoyais... par hasard...

LE DOCTEUR.

Vous retourneriez à elle?

ROBERT, passant à gauche.

Peut-être...

LE DOCTEUR.

Malheureux!

ROBERT.

Oui, bien malheureux, en effet... Mais, après tout, ne suis-je pas excusable?.. Écoutez, docteur, je vais tout vous dire...

LE DOCTEUR, s'asseyant à gauche de la table.

Parlez donc...

ROBERT, s'asseyant à gauche du docteur.

Lorsque je sortis de l'école polytechnique avec le titre d'ingénieur, bourré de science, je ne connaissais rien de la vie! Jusqu'à ma vingt-troisième année je m'étais donné tout entier à l'étude... Pendant deux années encore, je travaillai sans relâche. Les plaisirs qui attirent les autres me paraissaient vides à moi. Un jour, je rencontrai Blanche dans le monde; des amis communs me firent valoir les avantages d'une union avec elle... Je l'épousai. Ce fut un mariage de convenances!... J'étais marié depuis deux mois, lorsque, par le plus grand des hasards, je vis Juliette...

Silence.

LE DOCTEUR.

Poursuivez ?...

ROBERT.

Oui, depuis un mois, tout Paris courait pour la voir au Cirque dans ses exercices de haute école. Elle était belle à ravir sous son amazone noire. Je fus pris tout entier d'un seul coup... Pour elle, je quittai mon foyer... Oh! ce fut bien misérable et bien lâche, n'est-ce pas ? Mais, je vous l'ai dit, j'adorais cette femme...

LE DOCTEUR.

Une écuyère de cirque!...

ROBERT.

Oh! mon ami, vous ne la connaissez pas, car vous changeriez de langage... Vous ne sauriez imaginer le charme puissant qui se dégage d'elle, qui enveloppe, étreint et tue toute volonté!... Bien dissemblable de ses pareilles, elle vivait très retirée dans un modeste logement avec son frère. En deux mots je vous dirai leur histoire : Ils avaient perdu leur père, leur seul appui, quelques années auparavant... Juliette s'était faite institutrice... Son frère, Nicolas, fils d'un vieux soldat, habitué de bonne heure à monter à cheval, avait pris un emploi dans un manège. Un jour, il vit au Cirque, une écuyère de haute école, acclamée, triomphante... Il se dit : « Je veux que Juliette soit un jour acclamée, elle aussi, comme cette femme »... Ayant fait part de son projet à sa sœur, il lui donna des leçons d'équitation, et, trois ans après, elle débuta au Cirque. Ses débuts furent un triomphe... C'est alors que je la vis, que je l'aimai... que je lui fis connaître mon amour et que je pus bientôt constater qu'elle le partageait. Je louai, pour nous deux, à Neuilly, une jolie maisonnette perdue dans la verdure et les fleurs. Là, avec elle, pendant six mois, je vécus bien heureux. Ma passion pour ma belle maîtresse était si puissante que j'avais oublié le reste du monde... Je n'avais pas de remords !... Je ne vivais que pour Juliette, à qui j'avais tout sacrifié, même mon honneur !

LE DOCTEUR.

Malheureux !... Mais savait-elle que vous étiez marié ?

ROBERT.

Non !

LE DOCTEUR.

Achevez ?

ROBERT.

Cependant, un jour, j'appris que ma femme... Blanche, que j'avais abandonnée pour suivre Juliette allait devenir mère... Elle me suppliait de revenir au foyer conjugal... promettant de pardonner au père de son enfant, l'offense que le mari lui avait faite... Des amis s'entremirent! Je cédai à leurs supplications... Hélas! J'adorais toujours Juliette ; j'eus cependant le courage de quitter ma maîtresse... de revenir près de ma femme... de faire mon devoir!... (Silence.) Blanche me donna une fille...

LE DOCTEUR.

Mais Juliette ?

ROBERT.

La malheureuse, abandonnée par moi, voulut mourir. Oh! lorsque je sus ce qu'elle avait fait, je fus tenté de retourner vers elle, de lui crier: pardon!... Mais ce n'est pas tout... L'abandonnée mit au monde, elle aussi, et deux mois après ma femme, une fille... Je fis passer vingt mille francs à celle que j'avais si follement aimée, et de qui j'avais brisé la vie... (Se levant.) Oui, je fus un misérable!... Cette aventure entache mon passé. Mais ceux qui seraient tentés de me blâmer, de me honnir peut-être, se tairaient, à coup sûr... tant je leur ferais pitié, s'ils savaient comme j'ai cruellement souffert...

Il passe à droite.

LE DOCTEUR, se levant, à gauche de Robert.

Savez-vous ce que cette malheureuse est devenue ?

ROBERT.

Je crois qu'elle a quitté la France.

LE DOCTEUR, milieu du théâtre, devant la table.

Vous avez commis une grande faute, Robert... Vous avez fait le malheur de cette fille... Veillez de loin sur elle et sur son enfant... Mais ce que vous devez faire, avant tout, c'est vous donner tout entier à votre femme et à votre fille légitimes... à votre femme, la frêle et sensible créature que vous tueriez, cette fois, si vous lui imposiez une souffrance pareille à celle qu'elle a subie déjà... Elle vous a pardonné, mais elle est jalouse... Sans cesse, elle pense à sa rivale, à celle qui lui avait enlevé son mari après deux mois de mariage... Robert, vous êtes un fort, je le sais, vous vous vaincrez, j'en réponds!... Il le faut, je vous le répète, vous le devez!...

ROBERT.

Vous avez raison, docteur... Je ferai mon devoir.

Ils se serrent la main. Un silence. Bruit de grelots qui augmente progressivement.

LE DOCTEUR.

Voilà nos gens qui reviennent, il me semble...

Robert monte au fond, par la droite, et le docteur suit son mouvement.

ROBERT, regardant au dehors, à gauche.

Oui!... c'est la voiture!... C'est Blanche et la nourrice!... (Descendant.) Docteur, je ferai mon devoir, je vous le promets.

LE DOCTEUR.

Silence! Elle vient... Silence!

Robert passe à gauche.

Blanche et Mélanie entrent par le fond. Mélanie porte un enfant vêtu de langes riches. Blanche porte des paquets et des cartons.

SCÈNE IV

LES MÊMES, BLANCHE, MÉLANIE.

LE DOCTEUR.

Eh ! bien, ces achats ?

BLANCHE, descendant par la gauche, Mélanie reste au deuxième plan, à gauche.

Nous avons trouvé tout ce qu'il nous fallait.

LE DOCTEUR, à droite.

Vous avez dévalisé les magasins de la bonne ville de Versailles, il me semble ?...

BLANCHE.

Littéralement, mon cher docteur... (A Mélanie.) Nourrice, je dépose tout cela sur votre lit...

Elle dépose sur le lit, dans l'alcôve, les paquets qu'elle porte.

MÉLANIE, descendant au milieu du théâtre, par la gauche.

Que Madame fasse à son gré !... Moi, je vais coucher la petite fille dans son joli berceau... Elle s'est endormie pendant que nous revenions ici... Elle dort profondément .. (A Blanche.) Regardez...

BLANCHE, à gauche, à Mélanie.

Oui. (Elle embrasse l'enfant.) Chère créature que je n'ai pas quittée depuis qu'elle est au monde, et que je vais laisser ici... Oh ! je ne sais pas si j'en aurai le courage...

Robert est à gauche de Blanche.

LE DOCTEUR, toujours à droite.

Il le faut !... Nourrice, emportez l'enfant...

MÉLANIE.

Oui, Monsieur.

Elle marche vers la porte de droite.

BLANCHE.

Je vais vous aider à la dévêtir... Hélas pour la dernière fois...

Elle passe à droite, après Mélanie. Le docteur les accompagne et revient vers Robert.

SCÈNE V

ROBERT, LE DOCTEUR.

LE DOCTEUR.

Il faut brusquer l'heure de la séparation...

ROBERT.

Oui !... Ah ! pourquoi cette femme n'a-t-elle point accepté les offres que je lui ai faites de venir s'installer à Paris, près de nous, pour donner ses soins à notre fille ?

LE DOCTEUR.

Mélanie Minot a refusé de quitter cette maison où elle a vécu heureuse près de son mari... ce pays, où ceux qui ne sont plus reposent dans le cimetière voisin ! Et puis, votre fille a besoin du grand air, de la campagne... elle vivra mieux ici, je vous en réponds... c'est ce qui m'a décidé...

ROBERT.

Vous avez toujours raison, docteur!...

La nuit tombe peu à peu, Blanche et Mélanie reparaissent.

SCÈNE VI

LES MÊMES, BLANCHE, MÉLANIE.

BLANCHE, à droite, à côté de Mélanie qui reste près de la porte.

Oh! docteur, mon cœur se brise à la pensée de quitter mon enfant...

LE DOCTEUR, à gauche.

Du courage, c'est pour le bien de votre petite fille.

ROBERT, tout à fait à gauche.

La nuit tombe... Blanche il faut partir...

BLANCHE, à Mélanie.

Que vous êtes heureuse... vous allez rester avec elle...

MÉLANIE.

Hélas! Madame... j'ai quitté mon enfant pour jamais, moi!...

BLANCHE.

Oh! je suis égoïste!... C'est vrai... Pauvre mère!... je vous ai affligée... Comme vous devez souffrir...

ROBERT.

Blanche... La voiture nous attend...

BLANCHE.

J'obéis!... Mais je viendrai demain ici... j'y viendrai tous les jours !...

ROBERT.

C'est convenu!... Partons !...

Robert et le docteur remontent au fond par la gauche, ils prennent leur chapeau.

BLANCHE, fausse sortie.

Oh ! je voudrais l'embrasser encore une fois...

ROBERT, à droite du docteur qui est tout à fait à gauche, au fond.

Viens!...

BLANCHE, à droite de Robert.

Oh ! je ne sais pas ce qui se passe en moi ; je ne croyais pas que cette séparation dût être si pénible... Robert... Robert, dis que je suis folle...

ROBERT.

Quoi donc ?

BLANCHE.

Il me semble que je ne reverrai jamais notre fille.

ROBERT.

Quelle idée!...

BLANCHE.

Je souffre...

ROBERT.

Blanche, du courage! A quoi bon reculer l'heure du départ?... Viens!

LE DOCTEUR.

Venez!...

Ils entraînent Blanche qui, arrivée au fond, se retourne.

BLANCHE, à Mélanie.

Veillez bien sur ma fille...

MÉLANIE, à droite, devant l'armoire.

Comme sur mon enfant à moi!...

BLANCHE, près de la porte au fond.

A demain!.. A demain! (Elle sort avec Robert et le docteur, dans la coulisse.) A demain!

MÉLANIE, à la porte du fond, à la cantonade.

A demain!

Silence. Bruit de grelots, diminuant progressivement. Mélanie toujours à la porte, au fond, fait des signes d'adieu.

SCÈNE VII

MÉLANIE, seule.

Elle est déjà loin!... Pauvre mère! (Elle redescend après avoir fermé la porte du fond et vient s'asseoir à droite de la table.) L'heure de cette première séparation est triste... Au moins, elle reverra son enfant... moi, je ne reverrai jamais le mien! Elle est heureuse... et j'envie son sort!... (Elle se lève et fait quelques pas vers la porte de droite, premier plan.) Oui, je veillerai sur l'enfant qu'elle m'a confiée! En le berçant, je croirai que je berce mon enfant à moi! Pauvre petit! Comme la mort me l'a vite enlevé!... Il y a quelque temps, il était là, il me souriait. Maintenant... plus rien!... Le sort m'a vraiment accablée!... (Elle tombe sur la chaise à droite de la table. Silence.) C'est singulier!... J'éprouve un malaise... mon cœur est serré! J'ai peur!... (On frappe à la porte au fond. Mélanie sursaute, se lève, jette un cri et passe à gauche).

Qui va là?

Entrent Jaury, madame Jaury et Henriot.

SCÈNE VIII

MÉLANIE, JAURY, Mme JAURY, HENRIOT.

JAURY, descendant par la droite.

Pardon excuse, madame Mélanie Minot!... Est-ce que nous vous dérangeons?

MÉLANIE.

C'est vous, monsieur Jaury!... Ah! que vous m'avez fait peur! Asseyez-vous donc! (Jaury prend la chaise à droite de la table et fait asseoir Mme Jaury, à l'extrême droite. Henriot reste debout à gauche de sa mère.) Vous êtes de passage dans le pays?... (Voyant Henriot.) C'est le petit?

Mme JAURY.

Mais oui, madame Minot, c'est le petit.

MÉLANIE.

Comme il a grandi!.. C'est quasiment un homme à présent!.. Quel âge as-tu, mon garçon?...

HENRIOT.

Dix ans, Madame.

MÉLANIE.

Dix ans, déjà !... Comme ça nous vieillit... Je l'ai vu pas plus haut que ça !

Mélanie qui est à gauche, replie le panneau de gauche de la table, et, Jaury obligeamment replie le panneau de droite.

JAURY.

Il ne grandit pas seulement en taille... C'est un savant pour tout dire...

MÉLANIE.

Vraiment ?

JAURY.

Il a toujours le nez fourré dans les livres où je ne vois que du blanc et du noir !... Ça fera un savant, pour sûr!... Si j'ai porté la balle longtemps, lui, du moins, sera un mòssieu... je l'espère !...

MÉLANIE, portant la table entre la fenêtre et l'alcôve, contre le décor.

Je vous le souhaite... Et vous êtes contents à ce qu'il paraît ?

JAURY.

Nous n'avons pas à nous plaindre... Le commerce va bien. Depuis que nous vous avons vu, nous avons acheté une belle voiture, un cheval, Coco, comme nous l'avons appelé... Oui, madame Minot, à présent nous sommes quasiment des propriétaires... S'il n'était pas si tard je vous dirais de venir voir ça, mais à la nuit, bernique... Notre voiture est remisée à cent pas d'ici, sous bois... Nous y passerons la nuit pour repartir demain au petit jour.

MÉLANIE, rangeant contre le décor la chaise qui était à gauche de la table.

Je suis bien contente que vous soyiez heureux, vous le méritez... Vous êtes de braves gens !

JAURY.

Mais vous, madame Mélanie... vous avez eu des malheurs ?...

MÉLANIE.

Hélas!... Mon mari et mon petit sont morts!...

JAURY.

Nous avons appris ça, et ça nous a fait bien du chagrin !... (Silence.) Allons, n'en parlons plus... Le mieux est d'oublier autant que possible. (Silence.) Madame Mélanie, nous n'avons pas voulu passer dans le pays sans vous voir.

MÉLANIE.

Je vous en remercie.

JAURY.

Et, par occasion, vous n'avez pas besoin de lainages, de cotonnades... (Mouvement négatif de Mélanie.) Bien ! Bien !... Je vous ai demandé ça parce que nous sommes là, vous comprenez... Nous ne voulons pas vous déranger plus longtemps... Viens, ma femme. (Mme Jaury se lève et place sa chaise contre le décor à gauche de l'armoire.) Allons, petit, partons... Il faut laisser madame Mélanie se coucher... Jusqu'au revoir, madame Mélanie...

Fausse sortie.

MÉLANIE, à gauche, deuxième plan.

Est-ce que vous vendez toujours des images... de ces images pareilles à celles que je vous ai achetées lors de votre dernier passage... ça amuse bien les petits...

JAURY, *à droite, deuxième plan.*

Oui, oui... des images coloriées ?

Mme Jaury et Henriot sont au fond près de la porte.

MÉLANIE.

Apportez-m'en donc quelques-unes, puisque votre voiture est près d'ici... Si, par hasard, quand vous reviendrez, j'étais couchée, glissez-les sous la porte... Je vais vous les payer.

Elle donne quelques sous à Jaury.

JAURY.

Je vais m'occuper de notre cheval, coucher le petit et je reviens... Merci bien, madame Mélanie... A une autre fois... portez-vous bien !

Mme Jaury, qui a entrouvert la porte du fond la referme brusquement.

MÉLANIE, *effrayée, à gauche.*

Qu'est-ce donc ?

Mme JAURY, *au milieu, tenant Henriot par la main à sa gauche.*

Encore cette femme en noir !...

MÉLANIE.

Quelle femme ?

Mme JAURY.

Une femme qui m'a fait bien peur tout à l'heure !...

MÉLANIE.

Ah ! Pourquoi ?

Il fait presque nuit.

JAURY, à droite.

Des contes à dormir debout!

Mme JAURY.

J'étais seule avec Henriot.. Jaury était au village... La nuit tombait... Je vis, tout à coup, près de notre voiture, une femme assise sur un tertre... Cette femme poussa soudain un soupir à fendre l'âme. Je lui demandai si elle souffrait, si elle avait besoin de quelque chose... (Musique de Scène.) Alors, elle me dit d'une voix que je crois entendre encore et que je n'oublierai jamais... « Voulez-vous me donner un verre d'eau ?». Après qu'elle eut vidé le verre d'un trait jusqu'à la dernière goutte, elle s'éloigna.

JAURY.

Il n'y a rien de bien effrayant là-dedans.

Mme JAURY.

Sans doute ! .. Pourtant je ne suis pas tranquille !

JAURY.

C'était une jeune femme ?

Mme JAURY.

Je n'ai pas pu la voir!... Elle portait un voile très épais, qu'elle a seulement relevé jusqu'aux lèvres pour boire. Or, à l'instant, comme j'ouvrais la porte, j'ai encore vu cette femme passer sur la route, devant votre jardin. Pourquoi donc rôde-t-elle ainsi dans ce pays ? Pourvu que cette femme-là ne médite pas un mauvais coup.

JAURY.

Trotte l'imaginative!... Trotte!... Oh ! les femmes !

HENRIOT, se serrant contre Mme Jaury et passant à sa droite.

Maman, j'ai peur !

JAURY, riant, toujours à droite.

Bon !... Voilà l'autre, à présent ! (Le prenant par le bras.) Bête ! Tu as peur quand je suis là !... Allons, partons... Pardon, excuse pour le dérangement, madame Mélanie... Jusqu'au revoir !

Nuit complète.

MÉLANIE, les reconduisant.

Adieu !

Elle serre la main de Mme Jaury qui devance la sortie.

JAURY.

Non !... Pas adieu... Ce mot-là porte malheur... Au revoir, s'il vous plaît.

MÉLANIE.

Au revoir.

Jaury prend Henriot par la main et sort après Mme Jaury, par le fond, à gauche.

SCÈNE IX

MÉLANIE, seule, allumant la bougie qui est sur le buffet.

Ils m'ont effrayée avec leurs bavardages !... Cette femme en noir est quelque promeneuse !... Et puis, qu'est-ce que cela peut me faire ?... (Neuf heures sonnent.) Neuf heures ! Déjà !... (S'asseyant à gauche.) Il faut que je m'assure que la petite dort toujours.

(Se levant.) Ces Jaury m'ont épouvantée... Je n'avais pas besoin de ça pourtant.

Elle sort par la porte de droite, la bougie à la main. Lorsqu'elle est sortie, Juliette, voilée et enveloppée d'un grand manteau noir, paraît par la porte du fond. Effet de lune sur Juliette par la fenêtre à gauche. Juliette marche vers le lit sur lequel elle dépose un enfant ; puis elle remonte vers la fenêtre et regarde au dehors. Mélanie qui rentre dans la grande salle aperçoit Juliette.

SCÈNE X

JULIETTE, MÉLANIE.

MÉLANIE.

La femme en noir !... Qui êtes-vous ? Que voulez-vous ?

JULIETTE.

Je vais vous le dire. (Mélanie fait deux pas vers la porte du fond. Juliette se place résolûment devant elle.) Vous ne sortirez pas ?

MÉLANIE, à gauche.

Mais...

JULIETTE, presque au fond, montrant l'enfant sur le lit dans l'alcôve.

Regardez cette enfant !

MÉLANIE, obéissant machinalement.

Oh ! comme cette enfant ressemble à celle...

JULIETTE.

Je suis venue vous proposer un marché.

MÉLANIE.

Lequel ?

JULIETTE.

Personne ne peut nous entendre ? (Elle va vers la porte du fond, qu'elle ouvre et regarde au dehors.) Personne! Rien à craindre !... (Toujours vers la porte.) Mais nous courons le risque d'être dérangées... quelqu'un pourrait entrer, il faut fermer cette porte... (Elle donne un tour de clef, puis elle redescend.) A présent, écoutez-moi bien... Il faut que l'enfant que je viens d'apporter ici prenne dans le berceau qui est là... (Elle montre la porte à droite.) la place de l'autre...

MÉLANIE.

Grand Dieu ! Que dites-vous ?

JULIETTE.

Les deux enfants, vous l'avez constaté, se ressemblent à ce point que la mère même de celle-ci ne saurait distinguer entre elles... Or, nous mettons l'enfant que je viens d'apporter dans le berceau de l'autre, après avoir fait l'échange des vêtements. Personne ne pourrait constater le changement que nous aurons opéré et je vous donnerai cinq mille francs.

MÉLANIE.

Mais que ferons-nous de l'enfant confiée à mes soins ?

JULIETTE.

Je l'emporterai ?

MÉLANIE.

Où ?

JULIETTE.

Que vous importe?... Allons, acceptez-vous?... Vous y gagnerez cinq mille francs. Ils sont, en billets de banque, dans ce porte-feuille... Répondez! .. Voulez-vous?

MÉLANIE, à droite.

Non!

JULIETTE.

Si vous saviez la vérité, vous consentiriez à ce que je vous demande... Allons, voulez-vous?

MÉLANIE.

Non.

JULIETTE.

Prenez garde! Il faut pourtant que cela soit. Je l'ai résolu. Je le veux!

MÉLANIE, faisant un pas vers le fond.

A l'aide!

JULIETTE, de la gauche marche vers Mélanie qui recule; elle lui saisit la main et la fait tourner à gauche.

Vous devenez dangereuse pour moi maintenant que vous connaissez mon secret.

MÉLANIE.

A l'aide!... Au secours!

JULIETTE.

Tais-toi! Tais-toi!... Allons, une dernière fois, veux-tu!

MÉLANIE.

Non... Je dirai tout... Au secours!... Au secours!.. A l'assassin...

Juliette qui a pris un poignard sous son manteau, frappe Mélanie qui tombe en jetant un cri au milieu du théâtre.

JULIETTE.

Morte!... (Elle se penche sur le corps de Mélanie.) C'est elle qui l'a voulu!.. Il fallait que cela fût!... Cette victime était nécessaire!

Voix de Jaury dans la coulisse, d'abord éloignée et se rapprochant, il chante une sorte de mélopée, au choix de l'acteur.

JULIETTE.

Grand Dieu! Pourvu que cet homme ne vienne pas ici!...

La voix se rapproche.

JULIETTE, éteint la bougie.

Il vient ici!... Je suis perdue!... Qui cela peut-il être?... Attendons!

Elle se tient debout, terrible, cachée derrière le rideau de l'alcôve. Clair de lune dans la salle, passant par la fenêtre.

JAURY, dans la coulisse, heurtant à la porte.

Holà!... Eh!... Mélanie Minot... (Silence.) Holà! Mélanie Minot!... C'est moi!... Jaury... J'apporte les images pour la petite!... (Silence.) Sacrebleu!... Elle dort bien! (Silence.) Glissons les images sous la porte, comme elle a dit...

Silence.

JULIETTE, écoutant et marchant vers la porte, puis vers la fenêtre.

Il s'en va! (Reprise de l'air par Jaury dans la coulisse; la voix diminue progressivement.) Il est parti! (Descendant.)

Je suis sauvée!... C'est le colporteur de qui la voiture est arrêtée proche d'ici. (Silence.) Quelle idée! C'est cela! On l'accuserait du crime!... Tous les soupçons tomberaient sur lui... Je serais sauvée!... (Elle rallume la bougie qui est sur la table à gauche.) Voyons donc? (Allant à droite vers l'armoire. Elle pose son flambeau sur le guéridon entre la porte et l'armoire, puis elle ouvre l'armoire.) Voilà mon affaire! (Elle prend une bourse en mailles d'argent qui contient des pièces.) Je savais bien que je trouverais là ce qu'il me faut. (Elle regarde la bourse.) Cette bourse en filigrane d'argent porte un chiffre: B... le chiffre de la mère, Blanche! (Elle ouvre la bourse.) Vingt louis... En passant près de la voiture de ce colporteur je glisserai aisément la bourse dans sa voiture: cela constituera une preuve accablante! Achevons l'œuvre à présent! Il faut faire l'échange des vêtements des deux enfants! Allons! (Elle traverse le théâtre, prend l'enfant sur le lit dans l'alcôve, traverse de nouveau le théâtre, passe derrière Mélanie et fait un mouvement d'effroi très marqué, puis passe et prend le flambeau sur le guéridon, après quoi elle sort par la porte à droite. La scène reste dans l'obscurité. Enfin Juliette reparaît portant l'autre enfant, elle a laissé son flambeau dans la coulisse.) Voyons, je n'ai rien oublié; j'ai bien tout prévu; je ne laisse aucune trace de mon passage? Non! Rien ne me trahira! (Regardant à droite.) Elle dort! (Elle envoie un baiser lentement, dans la chambre.) Allons! (Au milieu du théâtre.) grâce à moi, ma fille ne sera pas bâtarde, ma fille aura un père!

Rideau.

DEUXIÈME TABLEAU

La maîtresse.

Le décor représente un salon très riche chez Robert Thomery. Grande fenêtre en baie au fond. Portes à gauche en pan coupé. Portes à droite et à gauche au premier plan, celle-ci avec portière. Ameublement riche.

SCÈNE PREMIÈRE

PIERRE, puis ROSE.

Au lever du rideau, Pierre apporte des journaux qu'il met sur une table, à gauche ; demi-nuit.

PIERRE.

Qui va là ? Personne !... Mon Dieu que je suis bête !... Dès que la nuit tombe, je ne peux faire un pas dans cette grande maison sans avoir peur !... Brrr !... Des salons, des chambres, des corridors, qui n'en finissent pas ! (Écoutant.) On a marché... là !... Non !... Encore une fausse alerte !... Que la bonne dame d'Auray me protège !... Gueux de Paris!

Il marche à reculons; tout en marchant il se heurte à Rose qui entre par la droite, deuxième plan, portant une lampe, il pousse un cri et va se cacher derrière la portière, à droite, premier plan.

ROSE, éclatant de rire et posant la lampe sur la table, à gauche.

Mon pauvre Pierre !... Toujours le même ! Toujours aussi poltron.

PIERRE, *à droite.*

Ah! c'est vous, mam'zelle Rose, sapristi de sapristi que vous m'avez fait peur!... C'est vrai, je suis peureux, ce n'est pas ma faute... Tout petit, j'étais déjà comme çà... mais en grandissant...

ROSE.

Ça a diminué ?

PIERRE.

Au contraire!.. J'ai eu bien tort de quitter ma belle Bretagne pour venir dans ce gueux de Paris où l'on n'entend parler que de crimes et d'assassinats... On n'a qu'à ouvrir un journal au hasard... Choisissez dans le tas. (*Il montre les journaux qu'il a apportés.*) Vous y trouverez une bonne demi-douzaine de faits divers où il est question de coups de couteau par-ci, de coups de pistolet par là!... Quelle calamité, bon Dieu de Dieu, quelle calamité.

ROSE.

Qu'est-ce que vous auriez dit si vous aviez été déjà au service de monsieur Thomery, notre maître... il y a quatre mois ?...

PIERRE.

Lors du crime de Buc ?

ROSE.

Précisément!

PIERRE.

C'était effrayant!

ROSE.

Je vous crois!... Quand le commissaire de police de Versailles a rapporté à Madame, la pauvre petite fille, mademoiselle Edwige, qui avait passé la nuit dans son berceau près du cadavre de sa nourrice !...

PIERRE, *passe à gauche.*

Brrr!... Un cadavre !... Sapristi de sapristi, mam'zelle Rose, vous serez cause que je ne fermerai pas l'œil cette nuit... Gueux de Paris, va!... Vous m'avez déjà raconté çà... Ainsi, c'était le colporteur Jaury, ce coquin-là, qui avait fait le coup ?

ROSE.

Oui... c'était le colporteur, à preuve qu'on a retrouvé dans sa voiture la bourse que Madame avait donnée la veille à la nourrice !

PIERRE.

Le coquin !... On aurait dû le guillotiner !..

ROSE.

Oh! il s'était fait justice lui-même !... On l'a trouvé pendu dans son cachot !

PIERRE.

Pendu !... Bien sûr, je ne fermerai pas l'œil cette nuit.

ROSE.

Mais aussi, depuis cette époque, madame Thomery ne quitte plus la petite fille... La pauvre enfant l'a échappée belle, comme on dit.

PIERRE.

Si l'infâme colporteur, l'avait tuée, elle aussi... Ça s'est vu !... Gueux de Paris, va !... Ce n'est pas dans ma belle Bretagne que l'on voit de ces choses-là !

ROSE.

Est-ce que Monsieur est sorti ?

PIERRE.

Oui.

ROSE, vers la baie.

Chut ! le voici !

Pierre remonte vivement vers le fond, à droite de la porte de gauche ; deuxième plan. Rose sort par la porte de droite, deuxième plan ; Robert parait par la porte de gauche, deuxième plan.

SCÈNE II

ROBERT, PIERRE.

Robert remet son chapeau à Pierre.

ROBERT.

Madame est-elle chez elle ?

PIERRE.

Non monsieur !... Madame est sortie vers huit heures et demie.

ROBERT, descendant à droite.

C'est singulier !... Où peut-elle être allée ?... Elle ne m'avait pas dit qu'elle devait sortir !... (A Pierre qui est toujours au fond près de la porte.) Donnez l'ordre qu'on attelle le coupé dans un quart d'heure... J'irai à mon cercle...

Pierre salue et sort par la porte de gauche, deuxième plan.

SCÈNE III

ROBERT seul, puis JULIETTE.

Robert s'est assis à gauche, à droite de la table, s'est déganté et a pris un journal qu'il parcourt. Juliette voilée, entre par la porte de droite, deuxième plan, s'arrête un instant, marche vers Robert et met une main sur son épaule. Robert se retourne, se lève, et fait deux pas en arrière.

ROBERT, à gauche.

Juliette !...

JULIETTE, à droite.

Moi !

ROBERT.

Toi ?

JULIETTE.

Il faut que je te parle sur l'heure !

ROBERT.

Mais... songe...

JULIETTE.

Oh ! je ne suis pas venue ici pour te parler du passé... A quoi bon de vaines récriminations ?... Tu m'as trompée indignement !... Tu m'as lâchement abandonnée !... Je t'adorais !... J'ai cruellement souffert !... N'importe !... Ce n'est pas de moi qu'il s'agit.

ROBERT, à part.

Où veut-elle en venir?

JULIETTE.

Partagé entre deux devoirs, tu as dû choisir... Tu as dû revenir près de ta femme légitime... J'ai été sacrifiée... Tu as brisé mon cœur!... A ta place, la plupart des hommes eussent agi de même... Tu te trouvais dans une situation inextricable...

ROBERT.

Juliette!

JULIETTE.

Seulement il importe que je me venge...

ROBERT.

Que tu te venges?

JULIETTE.

Oui!...

ROBERT.

Je ne comprends pas.

JULIETTE.

Je suis ici pour te dire à qui tu m'as sacrifiée, moi qui t'aimais au point de mourir de ton abandon...

ROBERT.

Que signifie?

JULIETTE.

Prends garde!... La révélation que j'ai à te faire est terrible... Es-tu de force à l'entendre?

ROBERT.

Parle!

JULIETTE.

Tu m'as abandonnée pour revenir vers une femme qui est indigne de ton amour et qui ne mérite pas le sacrifice que tu as fait pour elle : car je ne m'y trompe pas... Robert... tu m'aimais... et... oses donc le nier?... tu m'aimes encore!

ROBERT.

Je ne te comprends pas, te dis-je... Explique-toi!... Et, à ton tour... prends garde à ce que tu vas dire!

JULIETTE.

Ah!... Tu me comprends fort bien au contraire... et déjà, tu as peur!

ROBERT.

Allons, achève... au fait!

JULIETTE.

Oui, je te dirai tout!

ROBERT.

J'écoute...

JULIETTE.

Ta femme a un amant...

ROBERT.

Allons... (Il passe à droite, Juliette reste au milieu du théâtre.) !... L'accusation est stupide autant qu'odieuse... Retire-toi! Va-t-en!

Il marche vers la table où se trouve la sonnette.

JULIETTE, l'arrêtant au moment où il va sonner.

Arrête!... Ne fais pas de scandale, tu t'en repentirais... Je peux te donner des preuves de ce que j'avance.

ROBERT.

Allons donc !

JULIETTE.

Écoute... dans une heure un homme viendra ici...

ROBERT.

Ici... dans cet hôtel?... C'est stupide !... Elle ne recevrait pas son amant, ici !...

JULIETTE.

La femme de chambre de madame Thomery fera passer l'homme par le petit escalier qui donne sur le parc...

ROBERT.

Après ?...

JULIETTE.

Et madame Thomery retrouvera ici son amant !...

ROBERT, passant à droite.

C'est impossible !...

JULIETTE.

Eh! bien, cache-toi... Et attends !... Tu seras convaincu...

ROBERT.

Mais comment as-tu appris cela?

JULIETTE.

Qu'importe? Je le sais!... Je te préviens, cela suffit!

ROBERT, passant à gauche.

Je te répète que ce n'est pas possible!... Quel jeu joues-tu?...

JULIETTE, au milieu du théâtre.

Je me venge!

ROBERT.

Une femme qui attend son amant est inquiète, préoccupée... Elle veille!... Rien de ce qui se passe autour d'elle ne lui échappe.

JULIETTE.

Eh! bien?

ROBERT.

Ma femme était très calme quand je l'ai quittée...

JULIETTE.

Cela prouve seulement qu'elle sait feindre.

ROBERT.

A cette heure, elle est hors de l'hôtel... Si elle attendait quelqu'un, elle serait ici... Elle observerait, anxieuse... Elle se parerait pour recevoir celui qu'elle attend.

Il s'assied à droite de la table.

JULIETTE.

Ne te berce pas d'un fol espoir!... Ta femme est hors de l'hôtel, dis-tu... eh! bien... l'heure n'est pas venue encore! Je te l'ai dit, je te le répète, je te l'affirme, j'en suis sûre... quand sonnera l'heure dite, madame Thomery sera ici!... Une servante, gagnée, introduira, sous ton toit, l'amant de ta femme!... Tu auras avant peu la preuve qu'il te faut... (Robert assis, pensif, s'accoude sur la table.) Tu vas souffrir peut-être, mon Robert... mais je suis là, moi... la sacrifiée... moi qui t'adore!... Je te consolerai, va!... Je te ferai la vie si douce, que tu oublieras, par moi!... Tu ne l'aimais pas cette femme que tu as abandonnée, deux mois après ton mariage, pour venir à moi que tu adorais!... Ton cœur tout entier m'appartient!... Robert, si tu savais comme j'ai souffert aussi... Si tu savais comme je t'aime!...

ROBERT, se levant, passe à droite.

Oh! Laisse-moi... Laisse-moi... Va-t-en! Va-t-en!

Roulement de voiture au dehors.

JULIETTE, qui a couru vers la baie, au fond.

Une voiture vient d'entrer dans la cour.

ROBERT, qui a regardé au dehors.

C'est elle!

JULIETTE.

Eh! bien... l'heure approche... elle revient... elle veut être exacte...

ROBERT.

Elle va venir ici!... Cache-toi! Entre-là... (Il montre la porte à droite, deuxième plan, qu'il ouvre.) Va! mais, va donc!

Juliette poussée par Robert passe à droite, puis Robert vient se rasseoir à gauche, près de la table et feint de lire.

SCÈNE IV

ROBERT, seul, lisant, puis BLANCHE.

Blanche paraît par la porte de gauche, pan coupé.

ROBERT, se retournant.

C'est toi, Blanche!

BLANCHE, à droite, près de Robert.

Oui, je rentre... (Regardant Robert, effrayée.) Qu'as-tu donc ?

ROBERT.

Rien...

BLANCHE.

Tu es tout pâle!...

ROBERT.

Je n'ai rien!...

BLANCHE.

Tu n'es pas souffrant?... Tu parais agité, fiévreux, énervé...

ROBERT.

Je n'ai rien!... Tu ne m'avais pas dit que tu devais sortir?...

BLANCHE.

En effet... J'ai dû sortir pour voir ma pauvre amie, Berthe... J'ai été prévenue dans la soirée, après ton départ, qu'elle désirait me voir...

ROBERT.

Et comment va-t-elle ?

BLANCHE.

Elle est perdue... Son mari est au désespoir!

ROBERT.

La pauvre femme!

BLANCHE.

Oh! le mari est plus à plaindre...

ROBERT.

Comment?

BLANCHE.

Il restera, lui!... Et lorsqu'on s'aime comme eux, quand l'un des deux s'en va, c'est sur le sort de celui qui reste qu'il faut s'apitoyer... Perdre ainsi celui qu'on aime, être condamné à traîner seul sur la terre une existence brisée... quelle abominable torture!... Moi du moins je ne souffrirais pas longtemps.

ROBERT.

Ah!

BLANCHE.

J'ai vécu tristement loin de toi pendant quelque temps, et je te le dis sans reproche, Robert, toi mon orgueil, mon bonheur, ma vie!... Mais je connaissais ton cœur... J'espérais!... Sans cet espoir qui m'a soutenue, je serais morte...

ROBERT.

Tu m'aimes donc bien?

BLANCHE.

Ah! si je t'aime... Je te respecte, je te vénère, je t'adore... Tu es tout pour moi!... Mon cœur est plein de toi, je donnerais ma vie pour t'épargner un souci... un ennui... un chagrin... Et tu le sais bien!... Il n'y a qu'un être ici-bas que j'aime autant que toi, mais tu n'en dois pas être jaloux...

ROBERT.

Qui donc?

BLANCHE.

Notre fille!... Notre petite Edwige!... Chère et adorable créature qui fera douce notre vieillesse...

ROBERT, se levant.

Oui... Je sais que tu m'aimes... Je le sais .. Je te crois!...

BLANCHE, de nouveau effrayée.

Qu'as-tu donc? Que se passe-t-il en toi? Robert, tu m'effraies!... Que faisais-tu, lorsque je suis entrée?...

ROBERT.

Je lisais ce journal... J'y ai trouvé le récit d'un horrible drame... très banal d'ailleurs!... De pareilles aventures sont fréquentes!

BLANCHE.

Quel drame?... J'ai peur!...

ROBERT.

Il y a vraiment des choses atroces dans l'existence!... Il s'agit d'un jeune homme, qui, marié depuis deux ans, chérissait sa femme...

BLANCHE, à droite.

Ah!

ROBERT.

Ils avaient un enfant, une fille...

BLANCHE.

Comme nous?...

ROBERT.

Comme nous!

BLANCHE.

Eh! bien?

ROBERT.

Eh! bien... un soir, comme le jeune homme rentrait chez lui, on ne l'attendait pas, il trouva sa femme avec un autre...

BLANCHE.

Grand Dieu !

ROBERT, à part.

Comme elle se trouble ! (Haut.) L'infâme créature avait un amant... alors, le mari prit une arme qui se trouva sous sa main...

BLANCHE.

Et il tua sa femme ?

ROBERT, terrible.

Il les tua tous les deux !... Il les tua tous les deux !

BLANCHE, tombant sur un fauteuil, à droite.

Horreur !

Long silence.

ROBERT, à gauche.

Je t'ai effrayée avec ce récit ?...

BLANCHE.

Je l'avoue !... Comme je plains cette pauvre créature, qui, poussée par la passion a ainsi oublié ses devoirs !... Elle était mère... elle avait une fille... la maternité aurait dû la sauver !

Pierre paraît par la porte de gauche, pan coupé.

SCÈNE V

LES MÊMES, PIERRE.

PIERRE, toujours au fond et tenant le chapeau de Robert.

La voiture de Monsieur est attelée...

BLANCHE.

Tu sors ?

ROBERT.

Oui... Quand je suis rentré tout à l'heure, je voulais aller à mon cercle... Mais comme tu étais sortie... comme je ne savais pas où tu étais allée, inquiet, je t'ai attendue... Mais, je suis rassuré maintenant... Je te laisse... Tu as besoin de repos... A demain.

BLANCHE.

A demain...

Robert sort par la gauche avec Pierre.

SCÈNE VI

BLANCHE, seule.

Elle marche vers la baie. Roulement de voiture.

Il est parti !... Va mon Robert bien-aimé... Pendant ce temps, je recevrai cet homme, je reprendrai les lettres, je lui donnerai son argent... et demain... demain elle partira, l'autre... celle qui fut cause de tous nos maux... celle que je hais autant que je t'adore, toi, qui, désormais... seras tout à moi... tout à moi !...

Elle sort premier plan à gauche.

SCÈNE VII

JULIETTE, *reparaissant, seule.*

Je comprends !... Il veut donner le change... C'est bien joué sur ma foi !... Il laissera sa voiture, à quelques pas d'ici, puis il reviendra !... Veillons !... Allons, tout va bien !... Le sort est pour moi, décidément !... Je le tiens à présent... Il ne peut plus m'échapper... Je l'ai amené au point où je voulais le voir... Assurément, il frappera !... Dans une heure, tout sera fait, tout !... Robert lui-même ne reconnaîtrait pas mon frère dans celui qui passera pour l'amant de madame Thomery... Il a tant changé depuis six mois !... Il est de retour de Londres depuis deux jours... Robert le tuera... Il a su tromper ma rivale... Il lui a promis que nous quitterions la France... elle lui a sottement donné rendez-vous ici... pour lui remettre la somme qu'il demandait !... C'est plus que de l'argent qu'il me faut à moi !... Je dois accomplir l'œuvre jusqu'au bout... Ma fille est ici... Ils ne se sont point aperçus de la substitution que j'ai opérée là-bas... J'ai su me défaire de leur enfant que j'avais emportée. Le colporteur a payé pour moi... Je veux qu'avant un an Juliette l'écuyère soit la femme légitime de Robert Thomery... (*Écoutant.*) Quelqu'un vient ici !... J'ai entendu marcher !... Ce doit être Robert. N'importe il faut de la prudence !.. Cachons-nous...

Elle sort par la porte de droite, deuxième plan. Robert reparaît par la porte de gauche, pan coupé.

SCÈNE VIII

ROBERT, appelant à demi voix.

Juliette ! Juliette !

Juliette paraît.

Je ne sais pas ce qui se passe en mon esprit : par quel charme sais-tu te rendre ainsi maîtresse de ma volonté ? Oui, malgré moi, je suis revenu... Pourtant je ne doute pas de Blanche... Tu étais là, tout à l'heure, tu l'as entendue !... Est-ce qu'une femme qui s'apprête à tromper son mari parle comme elle l'a fait, l'accable de protestations de tendresse ? Allons donc !... (Passant à droite.) Ce serait un monstre !... Et pourtant, je suis revenu !... Une force invincible m'a poussé !...

JULIETTE, à gauche.

Tu vas avoir la preuve que je t'ai promise...

ROBERT.

Il en est temps encore ! Dis que tu as menti ?... Je te pardonnerai !...

JULIETTE.

J'ai dit la vérité !...

ROBERT.

Juliette... Fuyons... (Il passe à gauche.) Je t'en conjure... viens.

JULIETTE, à droite, le retenant par le bras.

Reste !... Tu n'attendras pas longtemps à présent !

Onze heures sonnent.

C'est l'heure !...

ROBERT.

Malheureuse, prends garde!

JULIETTE.

Je n'ai rien à craindre pour moi!...

ROBERT.

Prends garde! C'est elle ou toi que je vais tuer... prends garde!

JULIETTE.

Le moment approche! (Elle éteint la lampe sur la table à gauche, le théâtre reste dans l'obscurité.) On vient de fermer la grille. (Elle marche vers la baie.) Regarde... Une femme traverse la cour...

ROBERT, regardant au dehors.

C'est la femme de chambre de Blanche, une créature qui lui est toute dévouée... Je la reconnais...

JULIETTE.

Regarde... Un homme la suit...

ROBERT.

C'est vrai!...

JULIETTE.

Ils vont venir ici... attends...

ROBERT.

Malédiction!...

JULIETTE.

Ai-je dit vrai?

ROBERT.

Ah! Juliette, oui, je t'aimais... oui, je t'ai quittée

le cœur meurtri... Mais je vais te venger effroyablement... Cachons-nous.

Robert qui a tiré un revolver de sa poche, l'arme. On entend le grincement des batteries. Ils passent à droite, premier plan, et se cachent derrière la tenture de la porte.

SCÈNE IX

LES MÊMES, NICOLAS, ROSE, puis BLANCHE.
Rose et Nicolas paraissent par la droite, pan coupé.

ROSE, portant un flambeau.

Venez!... C'est ici que vous devez attendre ma maîtresse...

NICOLAS.

Bien!... J'attends! (Rose sort, par la porte de gauche, premier plan, le théâtre reste dans l'obscurité.) Je suis dans la place!... A nous les fafiots de mille!... Songeons à travailler sérieusement pour ma jolie petite sœur et pour moi... Juliette sera contente!...

ROBERT, à part à Juliette.

Que dit-il?

JULIETTE, à part.

Je n'entends pas!

NICOLAS.

Sacrebleu!... On n'y voit goutte!... Voyons, où ai-je mis les papiers? (Il fouille dans sa poche et en tire un portefeuille.) Les voici!... Tout va bien!... Maintenant je suis prêt... Attendons!... Elle me fait poser, il me semble. (La lumière reparaît.) Ah! c'est elle... de la tenue!

ROSE, reparaissant.

Voici, Madame..

Elle sort par la droite, pan coupé.

BLANCHE, à Nicolas, quand Rose est sortie et quand le théâtre se retrouve dans l'obscurité.

Venez...

ROBERT, bondissant.

Meurs!

Il fait feu sur Nicolas.

NICOLAS.

Il m'a tué!... Ah!

Il tombe.

BLANCHE, courant vers Robert, suppliante.

Robert! Robert! Robert!...

Elle tombe dans les bras de Robert qui allait faire feu sur elle. Juliette toujours à demi-cachée regarde la scène, terrible.

Rideau.

TROISIÈME TABLEAU

Le cabaret du Coq-dilettante.

Le décor représente le Cabaret du Coq-dilettante, à Montmartre. Cabaret artistique, lustres en cuivre jaune poli, arbustes, tableaux, statuettes, armes. Au fond, porte double donnant sur la rue. A gauche, deuxième plan, porte donnant dans la salle de restaurant ; à droite, premier plan, porte donnant dans l'office. Comptoir à droite deuxième plan, dans lequel trône la Daunoux. Tables en noyer ciré et chaises en cuir à clous de cuivre ; piano.

SCÈNE PREMIÈRE

LA DAUNOUX, CLARA, LIBÉRAC, MORANDET, JEAN, HENRIOT, EUTERPE.

Au lever du rideau, grand tapage, cris partant du fond poussés par des consommateurs chevelus, types de rapins de la nouvelle école. Des femmes, modèles Italiens et autres sont assises, çà et là, dans les groupes. Un jeune homme est assis devant le piano sur lequel il tape à tour de bras faisant répéter une chanson à Clara, une petite femme en travesti, habit noir, cravate blanche, monocle. Libérac, costume composé, béret rouge, chemise de soie rouge, paletot veston en velours, pantalon à la hussarde, perruque grise, longue, bouclée, barbe en pointe, circule très affairé, servant des consommations. Euterpe, costume de déesse (muse de la musique), sert aussi des consommations. Henriot et Jean sont assis à gauche, de chaque côté d'une table, premier plan. Quatre tables sont installées au premier plan, face au public, sur un même rang. Le piano est placé derrière les tables, en travers de la scène, Morandet, dos au public, tape sur le piano, Clara debout à sa droite, fredonne la chanson : j'en d'viens gaga.

PREMIER JEUNE HOMME, jouant au piquet, il est assis à la deuxième table, une petite femme en costume italien est assise sur le bout de la table.

Quatrième majeure, quatorze de larbins, trois dix...

DEUXIÈME JEUNE HOMME, assis face au précédent.

Je lui fends l'arche !

TROISIÈME JEUNE HOMME, assis à la quatrième table, montrant une toile.

Ils ont refusé ça, les pleutres !

QUATRIÈME JEUNE HOMME, assis face au précédent.

A l'eau le Jury !

MORANDET, se levant, se tourne de trois quarts vers le public et s'adresse à Clara.

Mais non, bécasse, le Monsieur est gâteux... Il faut que le public s'en rende compte... Reprends...

CLARA.

Bien ! Bien !

Elle reprend sa chanson.

DEUXIÈME JEUNE HOMME.

Une absinthe au sucre !

LIBÉRAC.

Absinthe au sucre... Boum ! (Tapant violemment sur un tam-tam. Déclamant.) C'est le moment où les dilettantes de bonne compagnie renouvellent les consommations.

DEUXIÈME JEUNE HOMME.

Tierce au monarque... quatrième basse... trois as!

TROISIÈME JEUNE HOMME, assis à la troisième table, à Morandet.

C'est ta nouvelle chanson pour l'Eden!

Une petite femme est assise en face de lui et fume une cigarette.

MORANDET.

Oui... Un succès mon cher... Si Clara la chante bien.

TROISIÈME JEUNE HOMME.

Allons Clara... du galbe... chante-nous ça.

CLARA.

Volontiers... Ça sera une répétition générale.

TROISIÈME JEUNE HOMME.

Messieurs, silence, s'il vous plaît, Clara va nous chanter la nouvelle chanson de Morandet, titre: J'en d'viens gaga!

TOUS, cessant de jouer et se tournant vers Clara sans changer de place. Clara au milieu du théâtre.

Hip! Hip! Hurrah!

CHANSON.

CLARA, chantant.

I

Un beau soir faubourg poissonnière,
Je rencontrai soudain Tata,
Ell'portait un'toilette claire

En la voyant j'fis : Oh! la! la!
Mon cœur battit la générale,
Et tout de suite, je fus pris.
Lors, piétinant sur la morale
Je m'approchai, puis je lui dis :

« Ma p'tit'Tata, je t'aime,
Je t'aim' ma p'tit'Tata!
J'me reconnais plus moi-même
J'en d'viens gaga!

TOUS.

Bravo! Bravo! Bravo!

CLARA.

II

Ell' me fixa j' la vois encore!
Qu'elle était p'schutt, cré nom d'un chien!
Ell' m' répondit: Bel Isidore
Tu veux souper, je le veux bien!
Et là dessus, v'là qu'ma conquête
Me conduisit au restaurant;
Elle me fit tourner la tête
Et j' répétais à chaque instant,

Ma p'tit' Tata, je t'aime.
Etc.

DEUXIÈME JEUNE HOMME.

Voilà un succès!... Troisième couplet...

CLARA.

III

Enfin quand j'arrivai chez elle
Entre quat'z yeux on babilla...
Ell' est blanch' comm' un' tourterelle,
Ell' est fait' je ne vous dis qu' çà;
On n'est pas d' bois dans ma famille...

Ça m' chatouilla, c'était charmant ;
Et tout en r'gardant la bell' fille
Je lui chantai tout doucement.

Ma p'tit' Tata, je t'aime.
Etc.

TOUS.

Bravo! Bravo!

LA DAUNOUX.

C'est rudement bien envoyé...

TOUS.

Bravo! Bravo! Clara!

LIBÉRAC.

Ça me rappelle mon beau temps, quand je jouais les grands premiers rôles à Carcassonne.

LA DAUNOUX, se levant dans son comptoir.

Ton rôle d'Athos, dans *les Mousquetaires*... Pristi! comme tu étais beau! Comme tu disais bien : (Étendant le bras.) Salut à la Majesté tombée!

TROISIÈME JEUNE HOMME, à Clara.

Mes compliments, ma chère...

LA DAUNOUX.

Bravo Clara... Bravo Morandet!

On entoure Morandet et Clara. Grand tapage.

LIBÉRAC, tapant sur son tam-tam.

C'est le moment où les dilettantes de bonne compagnie renouvellent la consommation.

Il sert des bocks à toutes les tables ; mouvement de mauvaise humeur, et tapageuses protestations des consommateurs. Libérac reste impassible.

MORANDET, à Clara.

Accentue encore le côté gâteux du personnage... et je réponds du succès !

CLARA.

Sois tranquille... Je le chanterai bien.

TROISIÈME JEUNE HOMME.

Eh ! bien ?... Et la fin de la chanson !

TOUS.

Oui ! Oui ! La fin de la chanson !

CLARA.

Mes enfants, je vous chanterai les derniers couplets de la chanson après dîner...

TOUS, joyeusement.

Ah !

CLARA.

Si vous êtes gentils.

TOUS.

Oh !

CLARA, à Morandet.

Paie-moi une verte... J'ai le gosier sec comme de l'amadou...

MORANDET.

Absinthe au sucre !

Morandet et Clara s'asseyent à la troisième table. Le troisième jeune homme et la petite femme qui étaient assis à cette table, se sont levés pour leur faire place et s'accoudent au piano face au public, avec les figurants. De même, le quatrième jeune homme assis à la quatrième table, s'est levé, et le garçon du cabaret, en costume quelconque, met le couvert pour La Daunoux, Libérac et Euterpe.

LIBÉRAC.

Absinthe au sucre !... Boum !

PREMIER JEUNE HOMME.

Quinte au larbin... Quatorze de femmes... trois monarques...

HENRIOT.

Eh bien, t'avais-je dépeint tout cela sous des couleurs trop vives ?... Avoue que je n'avais rien exagéré ?...

LIBÉRAC.

Euterpe... Deux absinthes au sucre, pour Clara et pour Morandet.

Euterpe sert les absinthes à la troisième table et se trouve un instant bien en vue de Henriot assis à la première table, à gauche. Mouvement d'Henriot en voyant Euterpe.

JEAN.

Qu'as-tu donc ?

HENRIOT, est à droite de la table.

C'est singulier...

JEAN, à gauche de la table.

Quoi donc ?...

HENRIOT.

Comme cette jeune fille ressemble à mademoiselle Edwige Thomery, la fille de mon patron...

JEAN.

Bah ! Tu es comme tous les amoureux... Tu vois partout celle que tu aimes... Drôle d'idée, par exemple, de trouver quelque ressemblance entre la chaste fille de ton maître et cette servante de brasserie interlope, quelque drôlesse sans doute...

HENRIOT.

Non! Cette jeune fille n'est pas une drôlesse... Tu ne l'as pas regardée... Examine-la comme je le fais depuis un instant, et, tu seras frappé du contraste extraordinaire qui ressort de sa présence en ce bouge.

JEAN.

Tu as raison!... C'est étrange, vraiment... Bah! notre imagination travaille, mon cher... La drôlesse n'en trompe que mieux avec son allure de vestale.

LIBÉRAC, tapant sur son tam-tam.

Messeigneurs, artistes, gentilshommes, gens du peuple, manants... Le festin artistique et sardanapalesque, est servi dans la salle voisine... Un franc cinquante, c'est pour rien !... Pain à discrétion !

TOUS.

Allons-y gaîment !

CLARA.

En monôme! En avant, marche!

Sortie générale, en monôme, par la porte de gauche et sur l'air de « J'en d'viens gaga » que tout le monde chante à tue-tête. Pendant cette sortie, le garçon a mis la soupière sur la quatrième table à droite.

SCÈNE II

LIBÉRAC, LA DAUNOUX, EUTERPE, HENRIOT JEAN.

LIBÉRAC, quand les consommateurs ont disparu, prend une bouteille d'absinthe, et un verre qu'il emplit à demi.

C'est l'instant où les dilettantes de bonne compagnie renouvellent la consommation... (Il lève son verre.) Entrez ; vous trouverez à l'intérieur nombreuse société. (Il boit, puis il marche vers le comptoir.) Sidonie... nous sommes servis...

LA DAUNOUX.

Bien, Adolphe... Ta main...

Libérac lui donne la main pour l'aider à descendre du comptoir.

LIBÉRAC.

Allons Euterpe... la gracieuse muse de la musique... à table, ma fille !...

EUTERPE.

Tout de suite !

Elle range quelques verres et vient s'asseoir à gauche de la quatrième table, la Daunoux est en face d'Euterpe, Libérac au bout de la table, face au public.

Il ne reste plus à présent dans la salle que Henriot avec Jean.

LA DAUNOUX, tout en mangeant goulûment.

Euterpe, ma fille... Tu crois que j'ai la vue basse décidément...

EUTERPE.

Madame. je ne sais pas ce que vous voulez dire...

LA DAUNOUX.

Si bien, si bien, ma chère !... Tu me prends pour une imbécile... Je vois très bien ton manège... Encore aujourd'hui je t'ai observée... Je n'ai pas fait d'esclandre à cause de la clientèle, mais il faut à présent que je te dise ton fait... Sache que je suis ici la maîtresse, et que je ne souffrirai pas plus longtemps que tu essaies de me prendre mon mari.

LIBÉRAC.

Allons, bon!... Encore la marotte, je t'assure, Sidonie, que tu es profondément ridicule.

LA DAUNOUX.

Assez, toi, assez!... Tu m'entends!... Je te répète qu'elle te fait des agaceries... Il faudra que ça finisse... A-t-on jamais vu une mijaurée que je garde ici par charité, une fille que je pourrais jeter sur le pavé si je n'étais pas si bonne, et pas si bête, et qui, pour me remercier, essaie de détourner mon homme de ses devoirs...

LIBÉRAC.

Sidonie, tu es folle!

LA DAUNOUX.

Si bien! si bien! D'ailleurs, tu n'as pas la parole... Cette petite masque se figure qu'elle est jolie avec sa figure de papier mâché et son corps fait comme un échalas!... Petite drôlesse, va!... Quand j'avais ton âge, quand j'ai posé pour la première fois devant feu monsieur Daunoux, mon premier mari, un grand artiste, j'étais autrement bâtie que toi, tu m'entends, petite rien qui vaille!... Il faudrait qu'un homme eût faim de femme, ma chère, pour prendre ta maigre carcasse.

EUTERPE.

Madame...

LIBÉRAC.

Sidonie...

LA DAUNOUX.

Fiche-moi la paix!... Oui, oui, je t'ai élevée, j'ai été bonne pour toi, tu dois le reconnaître... Ta mère qui était ma locataire lorsqu'avant de créer le Coq dilettante, où nous sommes, je tenais l'hôtel des Deux-Mondes; ta mère, qui te confia à moi quand tu n'avais pas encore un an; la mère qui avait rôti le balai; ta mère qui frimait la grande dame et n'était qu'une drôlesse, bien sûr — tu tiens d'elle, entre nous — ta mère m'a payé pendant six ans la pension qu'elle avait promis de nous verser par semestre... Je m'en souviens bien, elle a disparu au moment où j'ai épousé mòssieu Libérac, ici présent, en légitimes noces...

LIBÉRAC

Je le sais bien! J'y étais!

LA DAUNOUX.

Depuis, bernique, plus personne... plus de mère, plus de pension!... J'aurais pu t'envoyer aux Enfants Trouvés... au lieu de ça, je t'ai gardée, je t'ai nourrie... et je le regrette!... (Euterpe se lève et vient au milieu du théâtre où la Daunoux la suit.) Mais à présent, te voilà grande, tu peux gagner ta vie; donc, plus d'affaires!... Si je te vois encore tourner autour de mòssieu Libérac, près de qui tu perds ton temps, soit dit en passant, car il a trop de goût pour vouloir de toi, foi d'honnête femme que je suis, je te flanquerai dehors, sans autre forme de procès... C'est dit! (Elle marche vers Euterpe, furieuse.) Ah!... Tu ris!... Tu ris, drôlesse! Je te parle maternellement et tu te fiches de moi.. Tiens!

Elle donne un soufflet à Euterpe qui recule à gauche.

HENRIOT, bondissant et arrêtant le bras de la Daunoux.

Je vous défends de frapper cette enfant...

LA DAUNOUX, passant à droite

De quoi se mêle-t-il, celui-là?

LIBÉRAC, à droite.

Oui, de quoi vous mêlez-vous, jeune drôle?

HENRIOT, à gauche.

Drôle, vous même!

LIBÉRAC.

Vraiment, mon jeune coq, vous vous dressez bien sur vos ergots, il me semble! Je vais vous rabattre votre caquet.

Il marche vers Henriot menaçant. Henriot sourit, hausse les épaules, jette un louis sur la table, touche légèrement Libérac interdit du bout de sa canne.

HENRIOT.

Eh! l'homme... payez-vous!...

LIBÉRAC, gracieusement.

Euterpe, rends la monnaie à ces Messieurs.

Euterpe rend la monnaie à Henriot et le regarde un moment fixement. Jeu de scène.

HENRIOT, à Jean.

Allons, mon cher, viens!

Henriot et Jean sortent.

Pendant cette scène, le garçon a enlevé le couvert. A la sortie d'Henriot et de Jean, il sort par la droite.

LIBÉRAC.

Il a bien fait, certes, de ne pas me répondre... (Retroussant sa manche.) Je l'aurais pulvérisé!

SCÈNE III

LIBÉRAC, LA DAUNOUX, EUTERPE.

LIBÉRAC.

Ce jeune homme me plaît! Il a du nerf... C'est rare par le temps qui court... Euterpe, laisse-nous, mon enfant, il faut que je parle à madame Libérac.

Euterpe sort par la gauche, salle du restaurant.

SCÈNE IV

LIBÉRAC, LA DAUNOUX.

La Daunoux assise à droite de la table, a allumé une cigarette qu'elle fume après quoi elle se verse un verre de chartreuse.

LIBÉRAC, s'asseyant à gauche de la table, à cheval sur sa chaise et bourrant une pipe bizarre.

Sidonie, j'ai une grande nouvelle à t'apprendre.

LA DAUNOUX, sirotant sa chartreuse.

Laquelle ?

LIBÉRAC.

J'ai retrouvé la Juliette...

LA DAUNOUX, très étonnée.

La mère d'Euterpe!... Comment çà ?...

LIBÉRAC.

Tu sais que je suis allé aujourd'hui chez notre tabellion.

LA DAUNOUX.

Tabellion ?

LIBÉRAC.

Je veux dire notre notaire... Tabellion, veut dire notaire... c'est un vieux mot.

LA DAUNOUX.

Comme il est instruit... Il sait tout, quoi ?. . Continue... Tabellion.,.

LIBÉRAC.

J'étais allé toucher comme tu sais, la somme qui nous revenait sur le prix de vente de notre hôtel des Deux-Mondes, que nous avons cédé il y a six mois pour créer cet établissement qui fait fureur dans le monde artistique : *Le coq dilettante.*

LA DAUNOUX.

Après !...

LIBÉRAC.

En sortant de chez notre tabellion, juge de ma surprise, lorsque je me trouve tout à coup, nez à nez, avec... je te le donne en mille...

LA DAUNOUX.

Après dîner je ne trouverais pas... dis-le moi tout de suite.

LIBÉRAC.

Avec Euterpe !

LA DAUNOUX.

Qu'est-ce que tu me chantes ?

LIBÉRAC.

Mais une Euterpe pleine de galbe, d'un p'schutt accompli... d'un v'lan de premier ordre... Une Euterpe huppée... couverte de soie et de dentelles... une Euterpe mystérieuse. . une Euterpe de la haute, quoi !

LA DAUNOUX.

Tu es toqué ..

LIBÉRAC.

Comme bien tu penses, j'étais abasourdi... J'emboîte la dite Euterpe.

LA DAUNOUX.

Euterpe n'a pas quitté le *Coq dilettante*.

LIBÉRAC.

Aussi n'était-ce point elle ; mais une jeune fille de même taille, blonde autant qu'elle est brune, ce qui lui donne plus de ragoût... et qui lui ressemble à ce point que, tout d'abord, je l'avais prise pour elle.

LA DAUNOUX.

Voilà qui est singulier en effet... achève... Tu as suivi la demoiselle ?

LIBÉRAC.

Je te crois !

LA DAUNOUX.

Alors ?

LIBÉRAC.

Elle m'a mené jusque devant un hôtel richissime

LA DAUNOUX

Un hôtel richissime... A qui appartient cet hôtel ? Tu t'en es informé, je pense ?

LIBÉRAC.

Je t'écoute !

LA DAUNOUX.

Et cet hôtel appartient ?

LIBÉRAC.

A monsieur Robert Thomery, le savant ingénieur électricien !

LA DAUNOUX.

Thomery... Je connais ce nom-là...

LIBÉRAC.

Ça prouve que tu as de la mémoire... En effet tu te rappelles le crime de Buc.

LA DAUNOUX.

Le crime de Buc ?

LIBÉRAC.

Oui !.. L'assassinat d'une nourrice par un colporteur... l'assassinat dont on a tant parlé il y a dix-neuf ans...

LA DAUNOUX.

Oui, oui, je me souviens... C'était peu avant le départ de Juliette, de l'hôtel que nous dirigions alors. Mais achève.

LIBÉRAC.

J'ai donc suivi la jeune fille qui ressemble à Euterpe, jusque devant l'hôtel de monsieur Thomery.

LA DAUNOUX.

Après ?

LIBÉRAC.

J'ai graissé la patte à un larbin doré sur toutes les coutures.

LA DAUNOUX, se levant.

Adolphe, tu as manqué ta vocation,.. Tu étais né pour être diplomate...

Elle étend sa main sur la tête de Libérac.

LIBÉRAC, se levant, passe au milieu. La Daunoux le suit.

Je fus un grand artiste... c'est mieux... (Solennellement) Sans les coteries, je devrais être dans la maison de Molière... (Il salue.) Donc j'ai graissé la patte à un larbin... et j'ai appris que la jeune fille est la fille de monsieur Thomery.

LA DAUNOUX.

Dans tout cela, je ne vois pas poindre Juliette.

LIBÉRAC.

Patience! Je ménage mes effets... Juliette est l'institutrice de mademoiselle Thomery!

LA DAUNOUX.

Quelle découverte!

LIBÉRAC.

Nous la croyions bien loin, à l'étranger... ou morte même... Or, elle est ici, près de nous, à Paris... Elle a un rude toupet, comme tu vois... Elle est près de sa fille de qui elle ne s'est pas occupée depuis treize ans... Il faut qu'une mère ait de bien graves motifs pour abandonner son enfant!

LA DAUNOUX.

Tu m'ouvres des horizons...

LIBÉRAC.

Évidemment, la famille de son élève ignore l'existence de la fille de Juliette... Elle a soigneusement caché son passé que nous ne connaissons pas nous-mêmes...

LA DAUNOUX.

Or, que comptes-tu faire ?

LIBÉRAC.

Voir Juliette... dès demain.

LA DAUNOUX.

En te voyant apparaître elle est capable d'insinuer qu'elle ne te connaît pas, qu'elle ne sait pas ce que tu veux dire.

LIBÉRAC.

J'en fais mon affaire... On a plus d'un bon tour dans son sac... Crois-moi, avant huit jours, la Juliette aura payé entre nos mains en capital et intérêts les arrérages de la pension promise pour l'enfant qu'elle nous a confiée... la belle Euterpe... Ou nous rirons un brin, je ne te dis que ça.. Or, à raison de mille francs par an pendant treize ans, ça fait, avec les intérêts capitalisés vingt cinq jolis billets de mille à verser à Bibi... Bonne somme à prendre, somme due, d'ailleurs, et qui nous revient de droit.

LA DAUNOUX.

Adolphe, comme dirait feu monsieur Daunoux, mon premier mari, un grand artiste, tu parles comme saint Jean Chrysostôme.

LIBÉRAC.

Et voilà... Comme disait Titus : Je n'ai pas perdu ma journée. (Cris dans la coulisse à gauche : Gaga, Gaga, sur l'air des lampions.) Mais *motus!* Voici venir les dilettantes. En avant les bocks ! Attention, Euterpe, garçon, tout le monde sur le pont ! Voilà le moment du grand coup de feu !

Euterpe rentre en scène par la gauche et le garçon par la droite. Libérac tape à tour de bras sur son tamtam Entrée tapageuse de tous les dilettantes ; ils entourent Clara qui se bouche les oreilles, et crient à tue-tête : Gaga, Gaga.

SCÈNE V

LES MÊMES, EUTERPE, MORANDET, CLARA.

MORANDET.

Allons, Clara, pour faire plaisir à tous ces gentilshommes, chante-nous les derniers couplets de la chanson.

CLARA.

En avant la musique :

QUATRIÈME COUPLET.

Mais v'là qu'au bout de ma romance
J'perdis la voix subitement
Je ne sais sous quelle influence
Sapristi, c'était embêtant ;
Je la croyais fort en colère,
Mais elle me sourit bientôt ;
Pour m'excuser, j'lui dis : ma chère...
L'oreille basse et tout penaud, (refrain)

Tous reprennent le refrain en chœur.

CLARA.

Cinquième et dernier couplet !

LIBÉRAC.

Aux derniers les bocks ; vas-y ; ma fille !

CLARA, chantant.

Depuis, chaqu'soir c'est la même chose !
C'est surprenant et j'n'en r'viens pas ;
Mais je vois la vi' tout en rose
Car Tata m'repet'tout bas :
Ça n'y fait rien, mon Isidore,
Tu n'as plus d'voix, eh ! bien tant pis !
Je suis heureus'et je t'adore
Quand, si gentiment, tu me dis :

Refrain, repris en chœur.

TOUS.

Bravo ! Bravo !

LIBÉRAC.

Allons, Morandet... En avant le quadrille des « gagas », qui fera fureur cet hiver dans les salons du noble faubourg !

Quadrille échevelé sur place, sur l'air « J'en d'viens gaga »

Rideau.

QUATRIÈME TABLEAU

La Révélation.

Le décor représente un salon chez M. Robert Thomery. Table et chaises à droite, un portrait dans un cadre sur la table ; canapé à gauche. Porte double au fond.

SCÈNE PREMIÈRE

HENRIOT, PIERRE.

Au lever du rideau, Pierre entre par la porte du fond avec Henriot, qui lui remet son chapeau.

HENRIOT.

Monsieur Thomery est-il de retour ?

PIERRE.

Oui, Monsieur.

HENRIOT.

Mademoiselle Edwige est-elle dans l'hôtel ?

PIERRE.

Mademoiselle Edwige est sortie en voiture il y a une heure avec mademoiselle Juliette.

HENRIOT.

Merci. (Fausse sortie de Pierre.) Ah ! Pierre... J'attends

ici ma mère... Veuillez la faire entrer dès qu'elle arrivera.

PIERRE.

Bien, Monsieur.

Il sort par le fond.

SCÈNE II

HENRIOT, seul.

Il s'assied près de la table, à droite, et regarde le portrait d'Edwige

Ce sont bien les mêmes traits, la même taille, la même allure !... Cette servante de brasserie est le vivant portrait d'Edwige ; même, l'autre a une physionomie plus attirante, plus douce, plus candide.

Pierre reparait.

SCÈNE III

PIERRE, HENRIOT.

PIERRE.

La personne que Monsieur attend...

HENRIOT.

Faites entrer !

Entre madame Jaury, Pierre sort.

SCÈNE IV

HENRIOT, Mme JAURY.

HENRIOT, *marchant vivement au devant de madame Jaury.*

Bonjour, mère ?

Mme JAURY.

Bonjour, mon enfant. Pourquoi donc m'as-tu fait venir ici ?

HENRIOT.

Tu vas le savoir. (*Il fait asseoir madame Jaury sur le canapé, à gauche, et prend place à côté d'elle.*) Mère, un grand bonheur m'arrive.

Mme JAURY.

Un grand bonheur !...

HENRIOT.

Oui, et c'est à toi que je le dois !

Mme JAURY.

A moi ?

HENRIOT.

Oui, j'avais dix ans lorsque tu restas veuve. Tu étais sans ressources, et pourtant, comme tu avais de l'ambition pour moi, tu travaillas nuit et jour pour payer le prix de mes leçons...

Mme JAURY.

Vois comme j'ai bien placé mon argent, et comme, ayant fait mon devoir, j'ai travaillé pour moi... Tu es sorti de l'école Polytechnique avec le grade d'ingénieur... Tu es devenu le second de Monsieur Robert Thomery, qui, en ces vingt dernières années, a illustré son nom et fait une fortune considérable... Tu as devant toi un magnifique avenir. Toi aussi tu seras un jour glorieux et riche comme ton maître... L'ambition que j'avais pour toi est satisfaite... Je n'ai qu'un seul regret, c'est que ton père ne soit pas là pour partager ma joie... Il t'aimait bien enfant... Pendant dix ans il s'était dévoué pour nous deux et m'avait donné l'exemple... Mais tu disais qu'un grand bonheur t'arrive... Dis-moi vite de quoi il s'agit ?

HENRIOT.

Monsieur Thomery, tu le sais, a une fille... (Mouvement de madame Jaury.) Qu'as-tu donc ?

Mme JAURY.

Rien... continue.

HENRIOT.

Ce matin, monsieur Thomery me fit appeler dans son cabinet : « Henriot, me dit-il, tout à coup, vous aimez Edwige »? Or, c'est vrai, j'aime cette jeune fille... Je ne te l'ai pas dit, bien que je ne te cache rien, parce que dans mes rêves les plus étoilés, je n'osais pas prétendre au bonheur qui m'arrive.

Mme JAURY.

Monsieur Thomery consent à te donner la main de sa fille ?

HENRIOT.

Juste ! Tu as deviné !... Il a voulu te voir, c'est pour cela que je t'ai priée de venir ici aujourd'hui.

Mme JAURY.

Mais que pense madame Thomery à ce sujet ?

HENRIOT.

Madame Thomery... Hélas !... Si tu la voyais... elle te ferait pitié... Tu sais qu'il y a près de vingt ans un drame terrible s'est joué dans cette maison... Madame Thomery avait un amant !... Son mari les surprit ensemble et tua l'amant. Puis comme il allait faire feu sur sa femme, l'arme s'échappa de ses mains ; madame Thomery avait ressenti une émotion si vive qu'elle était paralysée.

Mme JAURY.

Malheureuse !...

HENRIOT.

Pour éviter tout scandale... Monsieur Thomery déclara qu'il avait surpris en flagrant délit de vol l'homme qu'il avait tué et de qui l'identité ne put être constatée... Depuis, madame Thomery vit retirée dans un bâtiment de l'hôtel... Elle ne peut faire aucun mouvement... Elle ne reçoit que son mari et sa fille...

Mme JAURY.

La pauvre femme !

HENRIOT.

Je vais faire prévenir monsieur Thomery de ta présence ici... (*Il passe à droite vers la table sur laquelle se trouve la sonnette, il sonne. Pierre paraît.*) Dites à monsieur Thomery que ma mère est arrivée, et que nous nous tenons à sa disposition. (Pierre salue et sort. Henriot revient à gauche.) Un mot encore, mère.

Mme JAURY, se levant.

Parle...

HENRIOT.

Au cours de l'entretien que nous allons avoir avec monsieur Thomery, il se peut que tu voies entrer ici une femme qu'on annoncera sous le nom de mademoiselle Juliette.

Mme JAURY.

Eh! bien?

HENRIOT.

Examine-la et dis-moi ce que tu en penses... surtout méfie-toi d'elle.

Mme JAURY.

Qu'est-ce donc que mademoiselle Juliette?

HENRIOT.

L'institutrice de mademoiselle Edwige.

Mme JAURY.

Mais cette institutrice comprendra sans doute que sa présence en ce salon constituerait une indiscrétion au moment où nous y serons rassemblés pour discuter sur des affaires particulières...

HENRIOT.

C'est qu'elle tient dans la maison une place considérable... Elle passe pour être...

Mme JAURY.

Achève?

HENRIOT.

La maîtresse de monsieur Thomery.

Mme JAURY.

Prends garde, mon enfant, de ne répéter qu'une infâme calomnie.

HENRIOT.

C'est que cette femme est une énigme vivante; elle paraît tout diriger dans la maison, ses désirs, ses volontés sont des ordres pour tout le monde... Mademoiselle Edwige, seule, lui résiste ouvertement... Moi-même, je subis l'étrange ascendant qu'elle exerce sur ceux qui l'approchent... Je me sens mal à l'aise en sa présence... Même il me semble que cette créature impénétrable aura sur ma destinée une néfaste influence... Tandis que je me sens attiré puissamment vers madame Thomery; au contraire, j'éprouve pour cette femme une sorte de haine sourde, d'ailleurs absolument inexplicable...

Robert paraît au fond.

Ah! monsieur Thomery!

Il remonte au-devant de Robert.

SCÈNE V

LES MÊMES, ROBERT.

HENRIOT.

Monsieur, j'ai l'honneur de vous présenter ma mère.

ROBERT.

Soyez la bienvenue, Madame! (Henriot apporte une chaise au milieu du théâtre, Mme Jaury s'y assied; Henriot reste debout, à gauche de sa mère; Robert s'assied à droite, près de la table.) Veuillez vous asseoir!... J'ai éloigné de l'hôtel à dessein Edwige et mademoiselle Juliette de façon à ce que nous puissions causer librement. (A Madame Jaury). Madame, je vous ai fait prier de vous rendre ici pour des raisons que vous allez connaître et que je n'ai dites encore à personne... Votre fils, Henriot, mon second, est un homme d'avenir, il m'a aidé dans mes travaux, il m'a rendu de signalés services... Je suis persuadé qu'après moi il continuera mon œuvre, et qu'il l'améliorera même... Il vit à mes côtés depuis six ans, j'ai donc pu l'apprécier... Il est bon, loyal, honnête, laborieux. Or, il aime ma fille Edwige et il est aimé d'elle; j'ai résolu de marier ces enfants; qu'en dites-vous, Madame?

Mme JAURY.

Je suis très honorée de ce que vous voulez faire pour mon fils... mais, avant d'aller plus loin... il faut... je dois... Veuillez excuser un émoi bien naturel... Je dois vous faire une révélation...

ROBERT.

Une révélation?

Mme JAURY.

Une révélation qui serait de nature à entraver vos projets.

HENRIOT.

Que signifie, ma mère?

Mme JAURY.

Enfant... je fais mon devoir... Je peux briser ton cœur... Il faut pourtant que je parle... Depuis longtemps je me prépare à ce moment terrible qui devait arriver... je serai forte et j'irai jusqu'au bout...

HENRIOT.

Mère, tu m'épouvantes!

ROBERT.

Parlez, Madame.

Mme JAURY.

Oui, je vais réveiller en moi des souvenirs affreux. Mais, il faut que vous sachiez qui nous sommes... Quand j'aurai tout dit, vous déciderez... Dieu veuille que votre décision ne brise pas le cœur de mon fils... C'est assez d'une victime!

ROBERT.

Parlez! Expliquez-vous.

Mme JAURY.

Eh! bien, sachez que mon mari n'est pas mort, comme on le croit, victime d'un accident... Ton père, mon pauvre Henriot s'est suicidé...

HENRIOT.

Dans quelles circonstances?

Mme JAURY.

Dans des circonstances terribles!... Apprête ton courage, mon fils... Il t'en faudra pour entendre ce qu'il me reste à te dire.

HENRIOT.

Parle! Parle vite!

Mme JAURY.

Ton père s'est suicidé dans sa prison!

HENRIOT.

Dans sa prison!... Mais pourquoi était-il donc en prison ?

ROBERT.

Parlez, Madame !

HENRIOT.

Que vais-je apprendre ?

ROBERT.

Henriot... Sois courageux, mon fils... Achevez, Madame... Achevez...

Mme JAURY.

Vous saurez tout, Monsieur, quand j'aurai dit le nom de mon mari... Ah! je te l'ai bien caché ce nom, Henriot... Dans les circonstances de la vie, où ton état civil véritable pouvait passer sous les yeux, j'ai obtenu, après mille démarches, que ce nom ne fût pas prononcé... J'ai réussi! Pendant vingt ans, mon fils, tu as vécu sans savoir que le nom de ton père était entaché par une infâme accusation.

HENRIOT.

Mais ce nom, quel est-il donc ?

Mme JAURY, se levant.

Henriot... Tu es le fils du colporteur, Victor Jaury !

ROBERT, se levant.

Victor Jaury !

HENRIOT.

Le colporteur Victor Jaury, l'assassin de la nourrice d'Edwige... Moi, je suis le fils de ce misérable qui a tué lâchement pour voler une bourse d'or. (Il passe à droite de Madame Jaury) Moi ! Moi !... Je suis le fils d'un assassin !... d'un assassin... d'un assassin...

Il tombe sur le canapé à gauche.

Mme JAURY, allant vers lui et l'étreignant.

Mon enfant bien-aimé...

HENRIOT, se relevant.

Ah ! ma mère, pourquoi m'as-tu caché si longtemps cet abominable secret ? Nous nous serions retirés dans le fond de quelque village... Nous y aurions enfoui notre honte...

Mme JAURY.

C'est le crime qui fait la honte, dit-on... Or, je te le jure, ton père ne fut pas criminel !... Malheureusement il manqua de courage... Toutes les preuves l'accablaient... Il perdit la raison... il se vit condamné, déshonoré, il se tua... Depuis vingt ans, je me suis dit souvent que l'on eût, à coup sûr, connu la vérité, si l'on avait retrouvé cette femme à qui je donnai un verre d'eau peu avant le crime ; cette femme de qui la voix me frappa de telle façon que, chaque nuit, je l'entends vibrer à mes oreilles... Oh ! cette voix, je la reconnaîtrais, si je l'entendais... Oui, pour moi, cette femme fut la véritable criminelle... Voilà la vérité !... Et elle éclatera un jour... Alors, mon mari sera réhabilité... Voilà pourquoi, je te dis, que tu peux relever la tête, et tu me croiras, moi, ta mère qui n'ai jamais menti...

HENRIOT.

Oui, je le crois!... Oui, je suis sûr comme toi de l'innocence de mon père... Je sens en moi que je ne suis pas le fils d'un asssasin... (A Robert.) Monsieur, après la révélation que vous venez d'entendre, mon devoir est tracé. Ma place n'est plus ici, je dois me retirer... Je vous remercie de l'honneur que vous vouliez bien me faire en m'admettant dans votre maison : je ne suis plus digne de cet honneur... Je pars, mais en quelque endroit que je me retire, croyez que votre souvenir me sera toujours bien cher. Adieu, Monsieur, je pars le cœur meurtri, mais mon devoir prévaudra... Viens, ma mère...

Il donne le bras à Mme Jaury, fausse sortie.

ROBERT, au moment où Henriot est presque au fond.

Attends, Henriot, attends ! (Henriot et Mme Jaury s'arrêtent.) La résolution que tu viens de prendre spontanément t'honore !... Elle prouve une fois de plus que tu es digne que je t'appelle mon fils !... Ton père, faussement accusé, t'a légué un nom flétri. Eh! bien, tu as réhabilité ce nom. Tu ne saurais d'ailleurs porter le poids d'une faute, qui, si elle a été commise n'est pas tienne... Réfléchis... Je te donne un mois pour cela... Si tu persistes dans ta volonté. Eh! bien alors, tu seras libre...

Entrent Edwige et Juliette.

SCÈNE VI

LES MÊMES, EDWIGE, JULIETTE.

EDWIGE, à droite de Robert.

Oh ! pardon, mon père... Est-ce que je vous dérange ?

ROBERT, à Mme Jaury qui est à l'extrême gauche.

Madame, j'ai l'honneur de vous présenter ma fille, mademoiselle Edwige Thomery... Ma fille, Madame est la mère de mon ami Henriot.

EDWIGE, entre Mme Jaury et Henriot.

Madame, monsieur Henriot m'a souvent parlé de vous. Il a un culte pour vous, ce qui se conçoit du reste, et je désirais vivement vous connaître...

ROBERT, à Mme Jaury.

Mademoiselle Juliette, l'institutrice de ma fille.

JULIETTE, à l'extrême droite.

Je suis heureuse, Madame, de connaître la mère d'un homme que monsieur Thomery apprécie comme il le mérite.

Mouvement d'effroi très marqué de Mme Jaury.

HENRIOT, à l'extrême gauche.

Mère, qu'as-tu donc ?

ROBERT, à gauche de la table.

Qu'avez-vous, Madame ?

Mme JAURY, montrant Juliette.

La voix!... La voix!... C'est la voix que je devais entendre et reconnaître... Henriot Jaury, voilà la femme qui a tué Mélanie Minot!...

Mme Jaury montre du doigt Juliette. Elwige, Henriot et Robert stupéfaits regardent Juliette. Tableau.

Rideau.

CINQUIÈME TABLEAU

Les deux mères.

Le décor représente à gauche un salon; à droite une serre. Dans le salon, porte au fond; deux portes à gauche, l'une au premier, l'autre au deuxième plan; porte à droite premier plan, donnant dans la serre et garnie d'une portière. Fauteuil à gauche, premier plan, près de la porte, canapé à droite devant la porte qui donne dans la serre. Dans la serre, au fond, fenêtre en baie. Arbustes. Au premier plan, au milieu de la serre une table de jardin flanquée de deux fauteuils de jardin.

SCÈNE PREMIÈRE

PIERRE, seul.

Au lever du rideau, Pierre est dans la serre; il range.

PIERRE.

Là... Madame va venir dans la serre tout à l'heure comme d'habitude; tout sera prêt pour la recevoir... La pauvre femme!... Elle me fait vraiment pitié!... Comme je déteste l'autre, la Juliette, la vraie maîtresse ici!... Une mijaurée qui malmène le pauvre monde... et qui vous a des airs d'archiduchesse... une institutrice... je vous demande un peu.

Il passe dans le salon au moment où s'ouvre la porte du fond par laquelle passe Libérac en redingote noire et coiffé d'un chapeau aux larges ailes.

SCÈNE II

PIERRE, LIBÉRAC, puis THÉRÈSE.

PIERRE, apercevant Libérac.

Par où êtes-vous entré ici ?

LIBÉRAC, à gauche.

Par la porte, mon ami, par la porte.

Il lui donne cinq francs.

PIERRE, prenant la pièce.

Oh! alors, c'est différent !... Monsieur désire...

LIBÉRAC.

Je désirerais parler à mademoiselle Juliette... Est-ce possible, au moins?..

PIERRE.

Hum!... Attendez-moi là... Je vais voir... Qui annoncerai-je à Mademoiselle?

LIBÉRAC.

Mon nom ne lui apprendrait rien, elle ne me connaît pas... Prévenez-la qu'on désire avoir avec elle un entretien immédiat pour une affaire toute personnelle...

Il passe à droite.

PIERRE, remontant.

Diable ! Diable!

LIBÉRAC, se retournant.

Qu'y a-t-il.

PIERRE.

C'est que nos ordres sont formels; mademoiselle Juliette ne reçoit personne, d'ordinaire...

LIBÉRAC.

Cependant...

Thérèse venant de la gauche passe portant des fleurs.

PIERRE.

Thérèse? (Thérèse s'arrête.) Savez-vous où est en ce moment mademoiselle Juliette?

THÉRÈSE, à gauche.

Dans son appartement avec mademoiselle Edwige...

PIERRE, au milieu.

Voudriez-vous annoncer à mademoiselle Juliette, que Monsieur (Montrant Libérac) désire l'entretenir pour une affaire absolument personnelle.

THÉRÈSE.

Jamais de la vie!... Mademoiselle est, depuis le déjeûner, d'une humeur massacrante, un vrai crin... Faites vos affaires vous-même!

LIBÉRAC, à part, à droite.

Bon! Je tombe bien!

Thérèse sort par le fond.

PIERRE.

Diable! Diable!... Comment faire?

LIBÉRAC, toujours à droite.

Sacrebleu!... Pour une institutrice, il me semble que vous faites bien des manières!

PIERRE, confidentiellement.

C'est que mademoiselle Juliette... Enfin suffit... Vous comprenez à demi...

LIBÉRAC.

Oui... oui... je comprends... suffit! (A part.) Je n'y comprends rien du tout... n'importe...

PIERRE.

J'ai une idée...

LIBÉRAC, à part.

Ce n'est pas malheureux! (Haut.) Laquelle ?

PIERRE.

Demeurez ici... dans l'antichambre... (Il indique le fond.) Asseyez-vous sur la banquette... Mademoiselle Juliette passera devant vous dans un instant lorsqu'elle descendra pour aller faire au bois sa promenade quotidienne. Elle ne tardera pas à passer, le landau est attelé dans la cour... Je me sauve.

Il sort précipitamment par le fond.

SCÈNE III

LIBÉRAC, seul.

Eh! bien, où est-il donc passé?... Comment, il me laisse seul!... (Appelant.) Eh! l'homme, l'homme!... Frontin?... Crispin?... Scapin?... Faquin?... Larbin?... Il est parti! Quelle drôle de maison!... N'importe! J'attendrai! Je veux voir la Juliette... Vingt-cinq mille francs à palper... Ce n'est pas un liard... (Déclamant.) Caché près de ces lieux, je vous verrai, Madame...

Il sort par le fond.

SCÈNE IV

LE DOCTEUR, LAURIANE, BLANCHE, dans la serre.

Blanche appuyée sur le bras du docteur et soutenue par Lauriane paraît par la droite de la serre et s'installe dans la serre sur le fauteuil, à gauche de la table. Après un instant, le docteur et Lauriane passent dans le salon.

LE DOCTEUR.

Vous avez eu une fort ingénieuse idée, ma chère enfant, de faire apporter le fauteuil de madame Thomery dans la serre, devant la fenêtre qui donne sur le dehors... La malade va mieux... Ah! le soleil, c'est le roi des médecins!...

LAURIANE.

Est-il donc vrai, docteur, que vous ayiez quelque espoir de la voir un jour sortir de cette immobilité?

LE DOCTEUR.

Oui, je le crois!... Malheureusement on la délaisse trop. Elle passe ses journées à rêver!... Il faudrait qu'elle fût distraite sans cesse... Mais son mari tout occupé de ses travaux, et sa fille, qui ne songe qu'aux plaisirs, ne restent pas une heure avec elle chaque jour... Elle va beaucoup mieux depuis que vous êtes attachée à sa personne en qualité de demoiselle de compagnie .. Oui, oui, je crois la guérison probable... Tenez, je suis persuadé par exemple qu'une grande émotion, ressentie par notre malade, serait de nature, à l'arracher à la paralysie qui l'étreint depuis vingt ans!... Vingt années!... les plus belles de la vie... ainsi passées!... Quel supplice!... Quel martyre que l'existence de cette pauvre femme!... (Il regarde sa montre.) Trois heures, comme le temps passe!... Je suis en retard! A bientôt!

Le docteur sort par le fond, reconduit par Lauriane qui revient prendre place près de Blanche, dans la serre, Blanche la congédie. Elle sort à droite dans la serre, Juliette et Edwige paraissent par la porte de gauche, salon, deuxième plan.

SCÈNE V

EDWIGE, JULIETTE, dans le salon, BLANCHE, dans la serre.

EDWIGE, à Juliette qui achève de mettre ses gants, et qui est prête à sortir par le fond.

Eh! bien, venez-vous ?... La voiture est attelée, il fait un temps superbe, profitons du soleil!

JULIETTE.

Edwige, il faut que vous m'écoutiez... (Dès les premières paroles prononcées par Edwige, Blanche écoute avec attention, à demi penchée sur son fauteuil.) Savez-vous qu'hier on a demandé votre main ?

EDWIGE, au milieu du salon.

Bah! Qui donc ?

JULIETTE, à gauche.

Le vicomte de Larsy...

EDWIGE.

Je le connais! ... J'ai dansé plusieurs fois, l'hiver dernier, avec monsieur de Larsy; c'est un danseur excellent et infatigable, mais entre nous, je ne lui crois pas d'autre mérite, il a l'air fat, et doit être un peu sot... Est-ce tout ce que vous aviez à me dire ?

JULIETTE.

Edwige, la recherche du vicomte de Larsy est des plus honorables... Monsieur Thomery serait heureux que ce mariage se fît...

EDWIGE.

J'en suis d'autant plus fâchée : mais ce mariage ne se fera pas, non plus qu'un autre ; je ne veux pas me marier!... Je vous en prie, à présent, si vous le voulez bien, parlons d'autre chose...

Elle passe à droite.

JULIETTE.

Edwige, vous avez une raison au moins pour refuser l'honorable parti qui se présente... Or, voulez-vous que je vous la fasse connaître?

EDWIGE.

Dites !...

JULIETTE.

Vous aimez toujours monsieur Henriot Jaury!

EDWIGE.

Eh! bien, oui... je l'aime !...

JULIETTE.

Une union entre cet homme et vous est impossible!

EDWIGE.

Pourquoi donc?... J'aime monsieur Henriot Jaury, il a ma parole et celle de mon père... Monsieur Henriot ne nous l'a pas rendue, que je sache... Il s'est retiré dans la retraite depuis le jour où sa mère a cru reconnaître en vous la femme qui passa près de sa voiture le soir du crime de Bue; il peut reparaître un jour ou l'autre, car il n'a pas renoncé à ses droits... S'il les réclame, je serai toute à lui... Au contraire, je ne me marierai pas.

JULIETTE.

Ainsi, vous aimez toujours cet homme?

EDWIGE.

Je l'aime!

JULIETTE.

Eh! bien, vous ne l'épouserez jamais! Vous entendez?... Jamais!... Edwige, vous ne serez jamais la femme de monsieur Henriot Jaury... jamais....

EDWIGE.

Et pourquoi donc, s'il vous plait?

JULIETTE.

Parce que je ne le veux pas.

EDWIGE.

Vous me parlez d'étrange manière, Mademoiselle... Vous oubliez que je n'ai pas d'ordres à recevoir de vous! (Juliette tombe assise à droite.) Aussi bien, je saisis cette occasion pour vous dire franchement ce qui se passe en mon cœur depuis quelque temps... Qui êtes-vous ici?... Mon institutrice!... C'est vous qui m'avez élevée... Oh! je rends pleinement justice à vos mérites!... Vous m'avez témoigné sans cesse, un dévouement dont je me suis étonnée souvent, tant il m'a paru excessif... Je vous dois beaucoup... Vos soins vous ont donné une place dans la famille... Mais vos droits s'arrêtent à une limite que vous me paraissez avoir une tendance trop marquée à vouloir dépasser... Or, vous venez de le faire. Vous avez dit que je n'épouserais pas monsieur Henriot Jaury, parce que vous ne le voulez pas; ma mère seule, pourrait parler ainsi!... Or, quelle que soit la reconnaissance que je vous doive, et dont je ne me départirai jamais, je ne vous permettrai pas de me dicter vos volontés... Si vous ne tenez pas compte de cet avertissement je vous déclare tout net que cela nécessitera entre nous une rupture complète... Je prierai mon père d'assurer votre avenir et de vous remercier de vos services auprès de moi.

Elle passe à gauche, mimique très marquée de Blanche.

JULIETTE, avec véhémence.

Chassée!... Chassée!... Tu me chasses, toi, tu me chasses!... Tu me chasses comme une servante!... Tu dis que ta mère seule aurait le droit de te parler comme je l'ai fait... Tu l'as dit... Eh! bien, écoute donc. (Edwige fait un pas pour sonner, elle passe à droite, Juliette l'arrête) Tu m'écouteras... tu vas connaître l'étendue de mes droits sur toi.. tu vas savoir jusqu'où mon dévouement que tu raillais tout à l'heure, jusqu'où mon amour pour toi ont pu me conduire...

EDWIGE, tombe assise sur le canapé à droite.

J'ai peur!

JULIETTE, s'asseyant à gauche d'Edwige.

Écoute... Madame Jaury, la mère de cet homme que tu aimes, et l'on dirait que la Providence a inventé cela pour mon châtiment, Madame Jaury a cru reconnaître en moi la femme qui passa, le soir du crime de Buc, près de la voiture du colporteur.

EDWIGE.

Eh ! bien ?...

JULIETTE.

Eh ! bien, elle ne s'est pas trompée...

EDWIGE.

Grand Dieu !

JULIETTE.

Oui, je te portais chez Mélanie Minot, la nourrice, toi, qui étais alors fille naturelle de Robert Thomery et de Juliette, écuyère au cirque.

EDWIGE.

Que dites-vous ?

JULIETTE.

La vérité... La fille légitime et toi vous vous ressembliez à un point extrême... Or, j'allais chez la nourrice pour lui proposer de substituer ma fille, à moi, à l'enfant légitime .. Je ne voulais pas que tu fusses bâtarde sans nom et sans fortune... Or, pour que mon projet s'accomplit et devant le refus de la nourrice, ses menaces, ses appels... je la tuai !

EDWIGE, se levant.

Horreur !...

JULIETTE.

Je fis alors la substitution projetée, j'emportai l'enfant légitime, et je te laissai dans son berceau... Oui, c'est moi qui jetai la bourse de la nourrice dans la voiture du colporteur, qui fut arrêté, et convaincu du crime.

EDWIGE, passe à gauche.

Horreur! Horreur!

JULIETTE, suivant Edwige.

Et je ne veux pas que tu épouses le fils d'une de mes victimes! Comprends-tu maintenant?

EDWIGE.

Grand Dieu! Grand Dieu!

Elle tombe évanouie sur le fauteuil à gauche. Juliette affolée revient à elle, semble comprendre enfin ce qui se passe, et s'agenouille devant Edwige.

JULIETTE.

Edwige... ma fille!... Qu'ai-je fait? J'ai été folle... J'ai dit mon crime à mon enfant!... Elle sait tout!... Ah! c'est horrible!... Par quelle fatalité ai-je été conduite?... Quelle force étrange m'a poussée, à laquelle je n'ai pu résister!... Edwige, mon enfant, reviens à toi!... (S'agenouillant.) Mais elle va mourir... Je l'ai tuée! Grand Dieu comme vous me punissez cruellement. (La mimique de Blanche devient effrayante. Juliette se relevant.) Quoi donc?... Je n'aurais commis tant de crimes que pour la voir mourir!... Non... (Revenant vers le fauteuil.) Edwige, reviens à toi, je t'aime, je disparaîtrai... Tu épouseras cet homme puisque tu le veux... Elle ne m'entend pas!... Il faut pourtant que je la sauve... Que faire?... Que faire?...Que dira-t-elle lorsqu'elle reviendra à elle?... Ah! je suis perdue!... Elle sait tout, je lui ai tout dit, elle mourra!... Je suis damnée!... Mais je saurai bien la défendre même contre la mort... (Silence.) Il ne faut pas rester ici... (Passant à gauche du fauteuil.) On pourrait venir... Je vais l'emporter chez moi... je lui dirai que j'ai menti... Oui je lui dirai que j'ai menti... que j'ai été folle... Elle me croira... (Edwige qui est sortie de son évanouissement depuis un instant, se laisse entraîner.) Viens ma fille, viens mon enfant adorée, viens... Je suis ta mère, ta vraie mère... Viens!...

Elle sort par la gauche, premier plan. A ce moment même, Blanche se lève après avoir fait des efforts pour se mettre debout.

SCÈNE VII

BLANCHE seule; puis LIBÉRAC.

BLANCHE, d'une voix vibrante et après un grand cri.

Délivrée, enfin! (Elle passe dans le salon et montre la porte du premier plan par laquelle Juliette est sortie.) Ce monstre a tout avoué... La lumière est faite! Justice sera rendue! (Elle tombe assise, à droite.)

La porte du fond s'ouvre. Libérac paraît, voit Blanche qu'il prend pour Juliette, et se confond en salutations obséquieuses et ridicules.

LIBÉRAC.

Enfin! je la tiens donc l'institutrice!...

Rideau.

SIXIÈME TABLEAU

Revanche.

Le décor représente un salon sévèrement meublé. Porte double au fond. Portes à droite et à gauche, deuxième plan. Sur la cheminée, deux lampes allumées. Table à gauche, flanquée d'une chaise à droite. Fauteuil à gauche. Proche de ce fauteuil, paravent dont les feuilles sont repliées. Fenêtre au fond, à droite.

SCÈNE PREMIÈRE

PIERRE, THÉRÈSE.

Au lever du rideau, Pierre regarde par la fenêtre, à droite; Thérèse range.

PIERRE.

La fête sera superbe. Quand Madame sera installée ici, c'est moi qui descendrai voir ça, et vous?

THÉRÈSE.

Moi aussi!... Nos camarades ont de la chance: ils verront tout ça de près...

PIERRE.

On doit jouer une comédie et il y aura un concert.

THÉRÈSE.

Et puis on dansera! Oh! danser! Dire qu'il y a un an juste que je n'ai pas dansé, moi qui adore ça!... Quelle joie de se trémousser. (Elle esquisse un pas.) Eh! allez donc!

PIERRE.

Monsieur Thomery a voulu que cette dernière soirée de la saison fût splendide. (A la fenêtre.) Oh! venez voir: on dirait que les invités arrivent déjà... Regardez la file de voitures...

THÉRÈSE.

Et Madame ne verra pas cette fête!... Quel malheur d'être si riche, de pouvoir être si heureuse, et d'être, comme elle, clouée sur un fauteuil.

PIERRE.

Oui, tandis que l'autre... mam'zelle Juliette... tient sa place là-bas.

THÉRÈSE.

Chut! Si on nous entendait...

PIERRE.

Rien à craindre!... Madame Thomery est toujours dans sa chambre... Dites donc, vous n'avez rien remarqué à ce propos?... J'ai le nez fin, moi... Je suis sûr qu'il se passe ici quelque chose...

THÉRÈSE.

Je n'ai rien remarqué!... Qu'est-ce qu'il y a?

PIERRE.

M. Thomery n'a pas dîné à l'hôtel... Mamzelle Juliette faisait une tête!... Mamzelle Edwige était pâle comme une morte, et puis, elle avait les yeux rouges... sûrement, elle avait pleuré! Enfin, ce soir, deux fois, j'ai voulu entrer, pour le service, chez madame Thomery, deux fois, c'est mamzelle Lauriane, la demoiselle de compagnie, qui m'a reçu à la porte...

THÉRÈSE, *à la fenêtre.*

Oh! venez voir!... Que de voitures!... Tout le quartier est en révolution!... Voyez là-bas cette masse de curieux qui regardent entrer les invités.

Juliette paraît par la porte de gauche, toilette de bal en satin blanc, décolletée, bras nus, robe à traîne.

SCÈNE II

LES MÊMES, JULIETTE.

JULIETTE.

Madame Thomery est toujours en son appartement ?

PIERRE.

Oui, Mademoiselle, mais elle viendra s'installer ici, dans un instant, comme d'habitude.

JULIETTE.

Bien!... Sortez!

Pierre et Thérèse sortent par la porte de gauche.

SCÈNE III

JULIETTE, seule, vient s'asseoir sur la chaise près de la table.

Ah! cette fête!... Il faut assister à cette fête, sourire, paraître joyeuse, et j'ai la mort dans l'âme!... Edwige, ma pauvre enfant!... Ah! j'ai été folle de lui révéler cet abominable secret, elle en mourra!... Moi!... j'ai tué mon enfant; moi, qui donnerais ma vie pour elle!... Depuis vingt ans que je porte ce secret, il m'écrasait... Je me suis livrée!... Le sort que j'ai voulu braver me domine;.. la fatalité a remis sur moi sa hideuse patte!... Elle était si heureuse, si rayonnante, si fière... (Se levant.) Ah! mon œuvre était belle!... (Au milieu du théâtre.) Je tressaillais d'aise en voyant ma fille, cette bâtarde, entourée, honorée, adulée; cette bâtarde sans moi dévolue à la misère, à l'abjection, peut-être, et à qui j'avais su donner un nom, un rang, une fortune, dignes d'envie!... (Passe à droite.) Et cette œuvre de vingt ans a été détruite en une heure!.. Mais, à quoi bon tout cela?... Ai-je donc tant fait jusqu'ici pour reculer?.. Jamais!... Je serai forte! (Revenant au milieu du théâtre.) J'irai jusqu'au bout!... Edwige se taira... En parlant, elle me perdrait; or elle m'aime... elle oubliera, peut-être!... (Repassant à gauche.) Allons, il faut achever l'œuvre!... Ainsi, elle était là... elle... la femme légitime!.. Cachée dans la serre elle a entendu la révélation que j'ai faite à Edwige... (Au milieu du théâtre.) Là, est le danger!... Heureusement, elle ne peut parler! Il faut que cette femme disparaisse!... Que la paralysie qui l'étreint depuis vingt ans l'abandonne tout à coup et je serais perdue. (Elle marche vers la table sur laquelle il y a un plateau, un verre et des fioles.) Ce breuvage, cette potion qu'elle prend chaque soir, va me servir. (Elle prend dans sa poche une petite fiole.) Ce poison est foudroyant!.. Qui oserait me soupçonner?... (Elle s'arrête.) A cette minute suprême, j'ai peur!.. (Au milieu du théâtre.) Encore une victime, !... La troisième!... Vais-je pas hésiter à présent?... Cette femme sait tout!... Elle sait que j'ai tué Mélanie Minot; elle sait qu'Edwige n'est pas sa fille!... Horreur!... Comme son cœur de mère doit saigner!... (Passe à droite.) Jusqu'ici, déjà vingt fois, j'ai hésité... j'ai été lâche!... Cette femme pourtant me gênait : si elle n'avait pas été là, Robert eut épousé l'écuyère Juliette, et je serais depuis longtemps madame Thomery... Au moment d'achever mon œuvre... toujours cette vision de mes autres victimes m'apparaît... toujours, toujours!...Je les vois... elles approchent. (Elle se met à genoux.) Grâce! grâce! disparaissez, hideux fantômes! Grâce! Grâce!... (Orchestre dans la coulisse.) Suis-je folle!... Cette horrible vision me poursuit depuis vingt ans dans mes nuits sans sommeil! Je me croyais plus forte!... Finissons-en!... Il faut qu'elle meure!... Que son spectre vienne chaque nuit s'asseoir à mon chevet, il m'importe!... Elle mourra!... Il le faut, pour ma sécurité... J'ai hésité trop longtemps... Il faut en finir! (Orchestre.) Point de vaines terreurs! Personne ne peut me voir. (Elle verse dans le verre quelques gouttes du contenu de la fiole qu'elle a tirée de sa poche.) Allons! dans deux heures, ce sera fait... Allons!

Elle sort par le fond à droite. Robert paraît par la gauche.

SCÈNE IV

ROBERT, puis PIERRE.

Robert en habit noir; il va vers la table à gauche; il sonne. Pierre paraît.

ROBERT.

Priez mademoiselle Edwige de venir me parler

sur-le-champ. (Pierre sort.) Oh ! j'aurai le mot de cette énigme, je saurai pour quel motif cette enfant refuse de descendre pour assister à cette fête... On me cache quelque chose. Je me sens entouré de mystères!... Et je ne sais pourquoi, il me semble qu'un malheur plane sur ma tête... Vais-je pas m'alarmer de ces vains pressentiments !...

Edwige parait par la droite en toilette de soirée, toilette claire. Elle est très pâle.

SCÈNE V

ROBERT, EDWIGE.

EDWIGE.

Vous m'avez fait demander... (Après une courte hésitation.) Mon père ?

ROBERT, avec surprise, puis avec effroi; il marche vers Edwige, milieu du théâtre.

Edwige, qu'as-tu donc, mon enfant ?... Mais tu souffres? Que se passe-t-il ? Je t'ai fait demander, parce que j'étais étonné de ne pas te voir à mes côtés pour recevoir nos invités... J'ai cru à un caprice... Mais je comprends à présent pourquoi tu es restée chez toi... Pauvre enfant !... Tu te soutiens à peine. (Il fait asseoir Edwige sur le fauteuil à droite.) Pourquoi ne m'as-tu pas fait prévenir ? Il faut te retirer, te mettre au lit, je vais appeler le docteur!

EDWIGE.

C'est inutile !... Je ne veux voir personne... Je veux qu'on me laisse... J'ai fait ce que j'ai pu... Vous voyez que je me suis habillée pour aller à cette fête... Mais je n'ai pas eu la force de descendre... Pardonnez-moi.

ROBERT.

Mais, tu souffres!... Je le vois bien! Il faut appeler le docteur .. Edwige, mon enfant, je le veux... (Il sonne à gauche. Pierre paraît.) Qu'on cherche le docteur Trevenenc... Il doit être arrivé... Qu'on le prie de monter ici, tout de suite... (Pierre sort par le fond.) J'avais pourtant une bonne nouvelle à t'annoncer.

EDWIGE.

Une bonne nouvelle?

ROBERT.

Il y a trois jours, j'ai écrit à quelqu'un que tu aimes pour lui dire de venir nous voir... Je suis surpris de ne l'avoir pas vu aujourd'hui... Mais il sera ici ce soir, j'en suis sûr...

EDWIGE.

De qui voulez-vous parler?

ROBERT.

Comment, tu ne devines pas?

EDWIGE.

Non...

ROBERT.

Je veux parler d'Henriot Jaury.

EDWIGE, avec frayeur, se levant.

Lui! Oh! non... Je ne veux pas le voir... Je ne veux pas...

Elle chancelle. Lauriane paraît par la gauche.

SCÈNE VI

LES MÊMES, LAURIANE.

ROBERT, soutenant Edwige.

Mademoiselle, aidez-moi!... Ma fille se trouve mal!... Un verre d'eau, vite! Ah! tenez, là, sur la table, cette potion, une potion calmante justement préparée pour madame Thomery... Donnez... donnez!.. (Lauriane prend le verre dans lequel Juliette a versé le poison et le donne à Robert qui fait boire Edwige.) Et le docteur qui ne vient pas! Mademoiselle j'ai fait chercher le docteur qui doit se trouver ici... Dites qu'on se presse... Qu'on aille au besoin chercher un médecin en ville!.. Allez... Allez!... Faites vite.

Lauriane monte précipitamment vers le fond, et comme elle va sortir, le docteur parait en habit noir. Lauriane, alors, sort par le fond.

SCENE VII

ROBERT, EDWIGE, LE DOCTEUR.

LE DOCTEUR, entrant précipitamment.

Qu'y a-t-il donc?

ROBERT.

Venez, docteur...C'est ma fille,Edwige qui a besoin de vos soins..,

LE DOCTEUR, s'approchant d'Edwige reste à sa droite.

Voyons... Qu'avez-vous donc, mon enfant.

EDWIGE, assise sur le fauteuil à droite.

Oh! que je souffre!.. J'ai du feu dans la poitrine.. C'est du feu que vous m'avez fait boire!

ROBERT, à droite d'Edwige.

Que dit-elle?

EDWIGE.

A moi! A l'aide!... Je souffre!... Il y a là quelque chose qui me brûle... J'étouffe... Je sens que je vais mourir... Je meurs...

Elle retombe sur son siége soutenue par Robert à droite, le docteur à gauche.

ROBERT, avec épouvante.

Docteur! elle ne bouge plus.

LE DOCTEUR, tâtant le pouls d'Edwige, et se relevant très grave.

Elle est morte!

ROBERT.

Morte!... Ma fille, morte!... Edwige, mon enfant, morte; mais ce n'est pas possible!

L'orchestre dans la coulisse joue une valse très vive.

LE DOCTEUR.

Vous lui avez fait boire quelque chose à l'instant?

ROBERT.

Oui, le contenu de ce verre? (Le docteur passe à gauche au-dessus de la table, verse une goutte du breuvage sur son ongle et boit.) Que faites-vous donc?

LE DOCTEUR.

Edwige est morte empoisonnée.

ROBERT, au-dessus du fauteuil d'Edwige.

C'est impossible... le breuvage que ma fille a bu était destiné à madame Thomery.

LE DOCTEUR.

C'est donc madame Thomery qu'on a voulu empoisonner...

ROBERT.

Qui donc?

Blanche paraît par le fond, toilette de soirée en velours noir à traine.

SCÈNE VIII

BLANCHE, ROBERT, LE DOCTEUR, EDWIGE.

BLANCHE.

Je vais vous le dire.

Mouvement de Robert et du docteur.

ROBERT.

Blanche!

BLANCHE.

Oui, mon heure a enfin sonné! Je l'ai attendue vingt ans!... Docteur, vous l'aviez bien dit : une émotion peut briser subitement ses liens... Je vais m'expliquer, mais auparavant, il me faut encore un témoin. (Elle sonne à gauche. Pierre parait.) Appelez

M. du Ménils, et donnez l'ordre à mademoiselle Juliette de venir ici sur le champ.

ROBERT.

M. du Ménils, le Procureur de la République est ici ?

BLANCHE.

Je l'ai prié de s'y rendre. (Le docteur, fausse sortie.) Restez, docteur... Votre présence ici est indispensable... Vous pouvez entendre ce qui va se dire, vous êtes presque de la famille... (Elle baise Edwige sur le front; Robert marche à gauche vers le docteur qui lui tend la main.) Dors en paix, pauvre enfant, tu ne fus pas complice! (Au Docteur.) Docteur! aidez-moi à tirer ce paravent sur le cadavre de cette innocente créature...

Le docteur et Blanche tirent le paravent sur Edwige qu'ils cachent complétement.

PIERRE, parait au fond annonçant.

Monsieur du Ménils.

M. du Menils parait par le fond.

SCÈNE IX

LES MÊMES, DU MÉNILS, Robert est à l'extrême gauche, puis le docteur au-dessus de la table, du Ménils au milieu du théâtre, Blanche à gauche du paravent.

BLANCHE, allant au devant de du Ménils.

Je vous remercie, Monsieur, de l'empressement que vous avez mis à vous rendre à mon désir.

DU MÉNILS.

Mon devoir, à défaut d'autres considérations, m'obligeait à répondre à votre pressant appel.

PIERRE, annonçant.

Mademoiselle Juliette!

Juliette parait au fond.

SCÈNE X

LES MÊMES, JULIETTE.

BLANCHE.

Pierre... hormis la personne que j'attends encore et de qui vous savez le nom, que personne n'entre ici maintenant... Allez!

Robert toujours extrême gauche, puis le docteur, puis du Ménils, Juliette et Blanche. Pierre sort.

JULIETTE.

Madame, je viens d'apprendre...

BLANCHE.

C'est moi qui vous ai fait donner l'ordre de venir ici... Enfin, je vous tiens face à face... Enfin, je vais donc reprendre mes droits, me justifier, et tirer vengeance de cette créature...

JULIETTE, descendant un peu.

Madame...

BLANCHE.

Oui, j'ai chèrement acheté par vingt années de

tortures abominables, la revanche que je vais prendre...

JULIETTE, à part, passant à droite devant le paravent.

Je suis perdue !

BLANCHE, au milieu du théâtre, Robert à gauche, le docteur et du Ménils au deuxième plan, à gauche, Juliette à droite.

Messieurs... Cette femme fut la maîtresse de mon mari... En même temps que moi, elle eut, de lui, comme moi, une fille... Les deux enfants se ressemblaient comme des sœurs jumelles. Cette femme tua, il y a vingt ans, la nourrice de ma fille et substitua son enfant à la mienne, de sorte que, pendant vingt ans, j'ai reçu les caresses de l'enfant de cette misérable, croyant recevoir celles de mon enfant à moi...

ROBERT.

Blanche... que dis-tu ?

BLANCHE.

Sa fille installée à mon foyer, elle y voulut venir, elle aussi, elle organisa un odieux guet-apens dont mon mari fut dupe : Son frère ; s'était engagé à quitter la France avec elle, moyennant une somme qu'ils avaient fixée et que je devais payer... Mon mari, sur la déclaration de cette femme, crut que je recevais chez moi, un amant ; il tua le frère de cette femme et faillit me tuer aussi... Et voilà, comment, après m'avoir pris les deux êtres que je chérissais, mon mari et ma fille... cette créature avait entrepris de me voler mon honneur !

ROBERT.

Les preuves ?

BLANCHE.

Je les fournirai... Or, tandis qu'elle était installée sous mon toit, près de mon mari, avec sa fille, mon enfant à moi avait été abandonnée par elle entre les mains de personnages interlopes... Mais Dieu veillait, il m'a arrachée à la paralysie; il m'a fait connaître la vérité; il m'a rendu ma fille;... il va me venger !

PIERRE, annonçant.

Monsieur Libérac...

Libérac entre.

LIBÉRAC, complétant l'annonce de Pierre.

Artiste dramatique... mon ami, artiste dramatique.

SCÈNE XI

LES MÊMES, HENRIOT, LIBÉRAC

JULIETTE, à part.

Libérac ! Que signifie ?...

BLANCHE, à Libérac, même mise en scène. Libérac est entre Blanche et Juliette.

Connaissez-vous Mademoiselle ?

LIBÉRAC, abasourdi.

Sacrebleu ! Mais vous m'avez trompé cet après-midi en me disant que vous étiez bien mademoiselle Juliette ; c'est elle, je la reconnais. (A part.) J'ai dû faire une bêtise, j'ai vendu la mèche... (Haut.) Je reconnais fort bien Mademoiselle... Elle doit me reconnaître aussi. (A Juliette.) Je suis le père adoptif de votre fille la belle Euterpe.. (Il tend la main.) Ça va bien Mademoiselle. (Juliette lui tourne le dos.) Elle ne me reconnait pas parce qu'il y a du monde... c'était prévu!... (Du Ménils qui a tourné au fond se trouve entre Libérac et Juliette.) (A part.) Brrr! En voilà un qui a une mauvaise figure!... D'où sort-il?

DU MÉNILS, à Libérac.

C'est bien à votre femme et à vous que Mademoiselle a confié un enfant?

LIBÉRAC.

Oui, Monsieur.. il y a vingt ans!.. C'est bien à moi, Libérac, artiste dramatique... (A part.) La figure de cet homme ne me revient pas.

Il passe à gauche de du Ménils.

DU MÉNILS, qui est à gauche de Juliette.

Les charges jusqu'ici relevées contre vous sont suffisantes pour motiver votre arrestation.

LIBÉRAC, à part.

Comment! Il veut arrêter la mère d'Euterpe!... Qu'est-ce que cela veut dire? Et mes vingt-cinq mille francs!...

JULIETTE.

Les accusations portées contre moi sont fausses... Rien ne les appuie que des preuves insignifiantes et des témoignages douteux.

LIBÉRAC.

Des témoignages douteux!... Est-ce pour moi que vous dites cela?.. Mesurez vos paroles. (Solennellement, à du Ménils.) Monsieur, je vous atteste que j'ai dit la vérité!

BLANCHE.

Je la forcerai bien à avouer; Il y a une heure, vous avez versé dans ce verre du poison que vous me destiniez. (Elle passe à la gauche de Juliette.) Or, savez-vous qui a bu ce breuvage... et qui vous avez tué?

JULIETTE.

J'ai peur!

BLANCHE, passant à l'extrême droite et tirant le paravent qui cache Edwige.

Regardez!

JULIETTE, qui s'est retournée lentement jette un grand cri.

Edwige!... mon enfant!... Morte?... Morte!

Elle tombe à genoux à gauche d'Edwige. Silence.

BLANCHE, triomphante, toujours à l'extrême droite

La preuve est faite!... La mère s'est livrée!

Silence.

JULIETTE, toujours agenouillée, avec exaltation.

Rivales pleines de haine, cette mère et moi nous avons lutté... Elle triomphe!... C'est bien!.. Ma fille morte, je n'ai plus qu'à mourir!

Elle tire de son corsage la fiole de poison dont elle a versé quelques gouttes dans le verre de Blanche au commencement du tableau, et elle boit. Puis, elle jette un cri, tourne sur elle-même, regarde Robert et tombe.

LE DOCTEUR, qui s'est penché sur elle, solennellement.

Elle s'est fait justice!

Rideau.

Imp. de l'Ouest, A. Nézan, Mayenne.

www.ingramcontent.com/pod-product-compliance
Lightning Source LLC
LaVergne TN
LVHW020029170826
845678LV00001B/177

9782329749976